U0901447

民族自治州风采

恩施土家族苗族自治州卷

MINZUZIZHIZHOUFENGCAI
ENSHITUJIAMIAOZUZIZHIZHOUJUAN

董祖斌　主编

辽宁民族出版社

图书在版编目（CIP）数据

民族自治州风采．恩施土家族苗族自治州卷 / 董祖斌主编．— 沈阳：辽宁民族出版社，2020.7
ISBN 978-7-5497-2237-2

Ⅰ．①民… Ⅱ．①董… Ⅲ．①恩施土家族苗族自治州—概况 Ⅳ．① K92

中国版本图书馆 CIP 数据核字（2020）第 075389 号

民族自治州风采．恩施土家族苗族自治州卷
MINZU ZIZHIZHOU FENGCAI. ENSHI TUJIAZU - MIAOZU ZIZHIZHOU JUAN

出版发行者：辽宁民族出版社
地　　址：沈阳市和平区十一纬路25号 邮编：110003
印 刷 者：辽宁新华印务有限公司
幅面尺寸：185mm × 260mm
印　　张：13.5
字　　数：100千字
印　　数：1-1000
出版时间：2020年7月第1版
印刷时间：2020年7月第1次印刷
责任编辑：李凤山　金顺玉　金诗雯
封面设计：杜　江
责任校对：王　荷

标准书号：ISBN 978-7-5497-2237-2
定　　价：150.00元

网　　址：www.lnmzcbs.com　　邮购热线：024-23284335
淘宝网店：http:// lnmz2013.taobao.com
如有印装质量问题，请与出版社联系调换　　联系电话：024-23284340

习近平总书记指出：坚持和完善民族区域自治制度，关键在于做到统一和自治相结合、民族因素和区域因素相结合；坚持促进各民族交往交流交融，不断铸牢中华民族共同体意识；坚持加快少数民族和民族地区发展，不断满足各族群众对美好生活的向往；坚持文化认同是最深层的认同，构筑中华民族共有精神家园；坚持各民族在法律面前一律平等，用法律保障民族团结；坚持在继承中发展、在发展中创新，使党的民族政策既一脉相承又与时俱进；坚持加强党对民族工作的领导，不断健全推动民族团结进步事业发展的体制机制。

民族自治州是我国民族区域自治制度的重要形式，是贯彻落实党和国家民族政策的重要实践。实践证明，长期以来自治州组织策划多种形式的宣传推广活动，取得了良好的政治、经济、社会效益。《民族自治州风采》是一套专门介绍民族自治州基本情况的系列丛书。党的十九大以来，我国30个民族自治州在习近平新时代中国特色社会主义思想指引下，深入贯彻创新、协调、绿色、开放、共享的新发展理念，全面落实经济建设、政治建设、文化建设、社会建设、生态文明建设五位一体总体布局，各项事业都发生了翻天覆地的变化。此套丛书将对自治州的新发展、新变化做全景展示。

民族自治州风采 _ 序言

MINZU ZIZHIZHOU FENGCAI

丛书紧扣时代主题，唱响时代主旋律，集思想性、可读性于一体。全书以30个民族自治州的不同发展历程为视角，体现出民族自治州的群众对伟大祖国、中华民族、中华文化、中国共产党、中国特色社会主义的认同；让读者切实体会到我国少数民族和民族团结进步事业70年来取得的辉煌成就。这既是中华民族形象塑造的应然之义，又是习近平新时代中国特色社会主义思想发展的必然指向，只有不断用“五个认同”巩固生命线，强基固本，才能铸牢中华民族共同体意识，书写民族团结的时代新华章！

编　者

2020年5月

前言

恩施土家族苗族自治州是共和国最年轻的少数民族自治州，成立于1983年。初名鄂西土家族苗族自治州，后更名为恩施土家族苗族自治州。恩施地处北纬30°，是地球上最适合人类生存的地方。此地因为资源富集，“美誉”“名片”不少，如“鄂西林海”“华中药库”“世界硒都”“民族文化的恒温箱”“中国三大后花园之一”等，被称为“仙居恩施”。优美的自然山水加上独特的民族文化，恩施近年成为“中国旅游新发现”。

恩施地处鄂西南，地理位置居中国东南西北之中，东瞰荆楚、南及潇湘、西接渝蜀、北通豫陕。这里资源富集，地灵人杰，405万土苗儿女，在2.4万平方千米的国土面积上繁衍生息。这里不仅是早期人类的诞生地，而且是古代巴文化的发祥地，自古以来，生活在这片神奇土地上的土家、苗、侗等28个民族与汉族一道，创造传承本土文化，吸纳中原文化，融汇楚蜀文化，留下了极为丰厚的民族文化遗产。这些灿烂而独特的文明以及坎坷漫长的文化旅程，从200万年前的建始县高坪巨猿洞“建始直立人”开始，沿着清江的波浪与雄奇大峡谷一路向前，绵延至今，浩荡无涯，瑰丽无比。

恩施是生态的绿土。天赐恩施。这块生态福地也获得了历史的垂青，获得了人类的认可，获得了自然的选择。位于恩施土家族苗族自治州建始县高坪镇的“巨猿洞”出土了距今200万年的“直立人”牙齿化石，并在中科院古脊椎动物研究所的权威验证下，命名为“建始人”，学界轰动，修改了教科书，把“直立人”的历史在此前的考古、研究基础上，向前推进30万年。中华民国时期，恩施利川发现了第四纪冰川孑遗植物水杉，让这种来自远古的植物从此前的“化石”研究中复活，同样轰动学界。利川水杉现在变成了“世界水杉”，已经从恩施走向全国、走向世界，带去的不仅是一种孑遗植物，还有恩施优良生态的证明和其上凝聚的人格化文化，意义重大。可以说，“建始人”“水杉”是历史对恩施这片地域的自发选择，从某个意义上讲，恩施对生态文化做出了很大的贡献。恩施全境森林覆盖率达75%以上，山雄水媚，深壑幽谷，风光秀绝。境内喀斯特地貌发达，并兼有丹霞地貌，鬼斧神工，天造地设。各类孑遗珍稀植物遍布，原始森林、原始次生林绵延如海。硒资源富甲天下，因有全世界绝无仅有的独立硒矿床而荣膺“世界硒都”桂冠，成为康养福地。

恩施是文化的沃土。恩施总体呈现出多民族“大杂居、小聚居”的特点。省级以上非物质文化遗产达到80多项，国家级文保单位近10处，传统文化村落80多个。可以说，整个恩施土家族苗族自治州就是一个展示传统村落与非物质文化遗产的宏大博物馆与传承馆，在生态山水的呼应下，神迷而纯朴，古老又新生。这里有从岁月深处迤逦而来的巴人文化、巫傩文化、土司文化等，独特瑰丽。这里还是世界25首经典民歌之一《龙船调》的故乡，是“女儿会”“舍巴节”“牛王节”“社节”等民族节庆的诞生传承地。尤其“哭嫁歌”“撒叶儿嗬”表现出土家人旷达超脱的独特生死观。南、堂、灯、傩、柳等地方戏曲，演绎着恩施如戏一样的精彩。这一切物质的、非物质的地域乡土文化，深植于山乡村寨，根深蒂固，枝繁叶茂。

恩施是革命的红土。1927年开始，湘鄂边、湘鄂西、巴兴归、黔东特区、湘鄂川黔革命根据地在这里先后创建。尤其是湘鄂西、湘鄂川黔革命根据地，在党的十一届六中全会上分别被认定为全国十二大革命根据地之一。贺龙元帅在这里智收神兵，驰骋鏖战。这里创建了中国工农红军第四军，史称湘鄂西红四军，后改为二、六军团。在众多战斗中，咸丰忠堡大捷、宣恩板栗园大捷尤为重要，忠堡大捷被写入军史，是以少胜多、围点打援的光辉战例，有力地策应了中央红军长征的胜利。红二、六军团于1936年10月同红一、红四方面军在陕甘革命根据地胜利会师，成为红军三大主力之一。1928年至1935年，在长达7年艰苦卓绝的革命斗争中，恩施地区8个县中5个建立了县委和县苏维埃政府，40个区、243个乡建立了党团组织。除红军外，各地活跃着游击队、赤卫队近百支。全地区有20多万人投身革命斗争，有2万多名青壮年参加红军和游击队，有1.2万多人为革命献出了生命。抗日战争时期，一大批党的地下工作者来到恩施，为民族解放事业捐躯报国，谱写了一曲曲感天动地的“清江壮歌”！新中国成立后，恩施全州8个县市均被湖北省人民政府认定为革命老区，全州88个乡镇中75个被认定为革命老区，红色基因传承不息。

恩施是发展的热土。历史的车轮行进到今天，在新时代中国特色社会主义建设的伟大征途上，恩施土家族苗族自治州按照“五位一体”的发展要求，结合全州实际，响亮地提出“一谷两基地三示范区四大产业集群”的建设目标。即建设“世界硒都，中国硒谷”“全国知名的生态富硒产业基地、华中地区重要的清洁能源基地”“全国生态文明建设示范区、国家全域旅游示范区、全国民族团结进步示范区”“生态文化旅游产业集群、硒食品精深加工产业集群、生物医药产业集群和清洁能源产业集群”。这种科学的定位，顺天时，承地利，促人和，是恩施土家族苗族自治州的必然选择。推动的不仅是经济，更是政治、社会、文化整体的进步。在习近平新时代中国特色社会主义思想的指引下，恩施人民砥砺前行在实现中华民族伟大复兴中国梦的伟大征程上。“两个一百年”的宏伟目标任重道远，全州秉持新的发展理念，站在新的历史方位，规划出新的建设任务，充分挖掘资源，发挥优势，抢抓机遇，实施“弯道超越”。资源优势正在逐渐变成产业优势，此前交通瓶颈等制约在日益完善的“铁、公、机、港”交通体系支撑下，正成为“后发优势”，势头锐不可当，面貌日新月异，奋进崛起，风采卓然！

本书是恩施土家族苗族自治州的浓缩与窗口，是一条带领读者踏上恩施的历史之途、风景之途、文化之途与友谊之途。限于篇幅，书中对恩施各方各面的介绍无法做到面面俱到，我们满怀诚意与热情，希望这本书是一扇门、一份邀请函，为您打开一份好奇与邀约，期待您亲临恩施，用您的足迹在这片土地上写下最美的诗行。

错漏之处，敬请指正。

编　者

2020年5月10日

目录

第一章 巴风土韵

恩施沿革

恩施土家族苗族自治州地处湖北省西南部，这片土地群峰绵延，山高水险，深壑密林。但生活在这里的人们，勤劳勇敢，从刀耕火种开始，战天斗地，立足本地，交融积淀，创造了璀璨绚丽的民族文化。

恩施土家族苗族自治州州城鸟瞰图

恩施土家族苗族自治州东纳荆楚、西接渝蜀、南及潇湘、北通甘陕，为中华地理第二阶梯，位居“中国版图之中”。此地历史悠久，源远流长。

周朝归夔子国管辖，春秋时代为巴国领土，秦灭巴后置入巫郡，秦国统一后至黔中郡，后又划入荆州南郡，属巫县地。汉朝后期、三国时期至南朝梁，也属荆州辖区，先后隶属建平郡、宜都郡，后划归施州及清江郡，领盐水、乌飞二县。隋大业年间改为庸州，治清江县，后又改为施州。唐代属江南道，先后改清江郡、清化郡、施州。宋朝属夔州路，治施州、清江郡。元代将施州划归夔州路总管府，明朝设施州卫，由军民指挥使司管理，先后归四川都司和湖广都司节制。清朝隶属荆州府管理，雍正十三年（1735年）“改土归流”，设施南府，直至民国初年。施南，即“施水之南”“施州之南”的意思。民国中期设恩施地区，辖恩施、利川、宣恩、建始、来凤、咸丰、鹤峰七县，后将宜昌的巴东划入。中华人民共和国成立后，设恩施、利川二市，建始、巴东、

唐崖土司牌坊

宣恩、咸丰、来凤、鹤峰六县，延续至今。

《后汉书·南蛮西南夷列传》载，巴人廪君统领五姓，“君乎夷城”。清江古称夷水，相关学者主张今恩施城南郊蛮王寨一带为夷城。2006年，恩施宋城（施州城遗址）和城东柳州城（旧州城之讹）被国务院公布为国家重点文物保护单位。

恩施得名，史载久远。《路史·国名纪》载：“施国，本嬉国，纣（应为桀）伐有施，有施以嬉进，今施州也。”史籍《姓氏考略》记载：夏王朝时期诸侯中有施氏，建施氏国，其故址在今湖北省恩施市一带。清雍正六年（1728年），撤施州卫改施县，次年改恩施县，在“施”字之前加“恩”字，是为铭记“皇恩”，有效忠、传颂之意。

利川“七孔子”崖墓

老城区内古建筑：武圣宫

鹤峰容美土司奉天诰命碑

恩施的发展历程中，有三次较为有贡献、影响较大的政治融合、文化交流活动，分别为自明洪武年间开始的“湖广填四川”、清雍正十三年（1735年）实施的“改土归流”以及后来抗日战争时期作为临时省会。从明洪武年间开始的朝廷主导的移民行动中，“江浙填湖广，湖广填四川”，恩施迎来了诸多的外来移民，带来文化交流和经济的发展；清雍正十三年“改土归流”，打破了“蛮不出境、汉不入境”的人为壁垒，汇入中华文化大脉；1938年，武汉沦陷，湖北省政府西迁恩施，恩施成为拱卫重庆的重要屏障、临时省会城市。1940年年初，国民党第六战区长官司令部驻节恩施，成为湖北省及相邻省区的政治、军事、经济、文化中心。作为战时省府及重庆陪都门户，恩施自1937年开始遭受

恩施老城一景

日军飞机轰炸，前后多达27次。恩施机场于1933年开始修建，1940年再次扩建并通航，美军飞虎队于1942年进驻“野马式”战机，协助中国空军作战。中国军民同仇敌忾，浴血奋战，取得了“鄂西大捷”，著名的石牌保卫战被誉为“东方斯大林格勒保卫战”，自此役后，侵华日军开始节节败退。1945年8月15日，日本天皇颁布投降诏书。同年10月，省府开始回迁武汉。

中华人民共和国成立后，恩施地区设行政公署。1967年春设恩施专员公署，“文化大革命”中的1968年改称恩施地区革命委员会，“文革”结束后的1978年改为恩施地区行政公署。1983年经国务院批准，成立恩施土家族苗族自治州，延续至今。

恩施土家族苗族自治州地处鄂西南，面积2.4万平方千米。到2018年年底，全州总人口为405万，其中土家族、苗族、侗族、白族、蒙古族等少数民族人口占总人口的56%左右。首府恩施市，一脉清江穿城流，三山鼎立卫丹霞，古人称其为“江清如镜，山累如珠”，全州位于北纬30°附近，被称为“地球上最适合人类居住的地方”。

恩施土家族苗族自治州境内峰峦起伏，绝壁凌空，石林参差，溶洞密布，溪谷纵横，水网密集，平均海拔1000米左右，最高点与最低处的垂直高度差逾3000米，正所谓“寒暖高低各不同，四时变异景色殊”。绝大部分地区为鬼斧神工的喀斯特地貌，其间夹杂着少许丹霞地貌。清江、酉水、溇水、唐崖河、郁江、建南河等水系四向辐射，万里长江巫峡段有38千米宽谷自州境北端穿过。被称为恩施各民族人民母亲河的清江，发源于利川市齐岳山南端，自西向东横贯自治州境内，流经利川、恩施、宣恩、建始、巴东5个县市。其干流全长425千米，其中恩施土家族苗族自治州境内流域里程达305千米；总流域面积为1.7万平方千米，其中恩施土家族苗族自治州境内达1.48万平方千米。之后经长阳、宜都等县市汇入长江，融合着万种风情的恩施各民族文化汇入浩荡长江文明大脉！

恩施土家族苗族自治州位于北纬30°与东经110°交叉地带，处在中国版图东西南北经纬对折的十字交叉点上。亚洲动植物黄金分割线从其腹心穿过，优越的地理条件决定了光、热、水等气候要素极佳，全州森林覆盖率达75%以上，因独特的资源禀赋，素来有“世界硒都”“华中药库”“鄂西林海”“烟草王国”“小水电之都”“动植物种质基因库”“山民歌的海洋”“中国旅游新发现”“中国三大后花园之一”等美誉。独特的自然环境结构，形成了丰富多彩的生物资源以及矿产资源、旅游资源。天然生物资源以丰富性、古老性、多样性著称，具有很高的经济价值与开发潜力。恩施还是世界最大的硒矿资源区，硒元素具有极为珍贵的营养价值与医疗保健价值。硒，决定了恩施土家族苗族自治州所有植物资源与动物资源的品质优于其他地区，被世界人与动物微量元素组织授予“世界硒都”。在恩施土家族苗族自治州建始县高坪出土的直立人牙齿化石，将直立人的历史提前到200万年前，被命名为“建始直立人”，是迄今为止发现的直立人最早的化石，轰动学界。

千百年来，恩施各族人民在改造自然、文化交流的过程中，谱写了可歌可泣的人文历史。这里有世界25首优秀民歌之一的《龙船调》，有

长江航运历史见证：纤夫石

清江放排

土家姑娘在编织西兰卡普

西兰卡普文创产品

三峡活化石神农溪纤夫，有“土家情人节”之称的恩施女儿会，有千家万户共庆丰年的摆手舞，有精美华丽的土家织锦西兰卡普，有中国南方杆栏式建筑经典土家吊脚楼……多姿多彩，浩如繁星。恩施各族人民在这里一起创造了灿烂的民族文化。

以建始直立人为代表的人类起源文化、巴巫文化、土司文化、流官文化、神兵文化、红色文化、抗战文化与各种宗教文化在这里交流碰撞，互促融合，积淀深厚，独特瑰丽。那些残垣断壁、奇山幽谷、玄岩孤峰、古道巷陌，永恒记录着这里的民族心性与精神财富。全州境内的物质文化与非物质文化特色浓郁，充融大雅，品类繁多，在世界文化领域构成一类别样奇观。

1983年8月，国务院批准成立鄂西土家族苗族自治州。同年12月1日，全州举行了盛大的庆祝活动，当时，州庆确定为每年的12月1日。鄂西自治州也是共和国最年轻的自治州之一，是湖北省唯一的少数民族自治州。1993年经国务院批准，改鄂西土家族苗族自治州为恩施土家族苗族自治州。此后，到2004年，改建州纪念日为8月19日（即国务院签批同意的日子）。恩施土家族苗族自治州是湖北省唯一被纳入国家西部大开发范围的地区、唯一的全域贫困地区、唯一的国家全域旅游示范区创建州。2016年8月30日，恩施土家族苗族自治州被授予“全国民族团结进步创建活动示范州”称号。

全州概况

恩施这方水土，在中华人民共和国成立之后，已经走过70多年的历程。回首走过的历程，发展变化最为突飞猛进的时期是十一届三中全会以来即改革开放带来的发展变化，靠的是中国特色社会主义伟大旗帜的

1993 年 12 月 1 日，恩施土家族苗族自治州建州 10 周年庆祝大会在州体育场举行（文林　摄）

正确导引；靠的是党和国家改革开放战略方针与民族区域自治政策在恩施山区的贯彻落实；靠的是恩施各民族人民团结一致、奋力拼搏。

建设生态家园文明新村成为时尚，生态文化旅游产业全面做强。人民生活明显改善。城市低保提标工作全面开展，农村低保范围扩大，就业渠道进一步拓展，农村贫困人口数量明显下降，保障性住房安居工程大力实施。

在党的优厚民族政策关怀指引下，恩施各方面得到了长足的发展：平等、团结、互助、和谐的民族关系得到更大的巩固和发展，党和国家的民族政策得到更加全面的落实和贯彻，《中华人民共和国民族区域自治法》等民族法规如暖阳普照全州经济社会各个方面，惠及各民族发展，民族区域经济实现跨越式发展。恩施土家族苗族自治州被纳入国家新一轮西部大开发、武陵山片区区域发展、湖北武陵山试验区、省内实施“616”对口支援工程、全国先进自治州建设等重大战略，城乡统筹，产业化和城镇化建设成效卓著。

医疗、教育、就业、保险保障等民生事项得到全覆盖，各民族群众获得感、幸福感增强。生态文明建设成绩斐然。在“生态立州”理念的指导下，退耕还林、自然保护区建设、天然林保护、库区地质灾害治理、生活垃圾和污水处理、少数民族特色村镇保护建设等重点生态建设项目齐头并进，恩施作为“生态文明建设示范区”和“长江大保护”的主要承载区，步履坚实。

民族文化事业不断繁荣发展，实现“全州有实效、全省有地位、全国有影响”的目标。坚持以社会主义核心价值观为根本，努力建设具有时代特征、民族特色、和谐兼容的民族文化。大力推进县级图书馆、乡镇综合文化站、村文化室建设，实施广播电视村村通工程、农村电影放映工程、农家书屋工程、文化信息共享工程。加强对少数民族文化的传承、保护和开发利用，打造少数民族文化亮点工程，在全省范围内，以“一县一品”为载体，加大文化产业龙头企业和民族文化品牌的培植力度，不断扩大民族文化的影响力，提高文化产业对县域经济的贡献率。

2003 年 12 月 1 日，恩施土家族苗族自治州 20 年州庆会场

少数民族干部人才队伍建设不断加强。大力实施“人才强县”战略，落实党的少数民族干部人才政策，调整和优化少数民族干部人才队伍结构。德才兼备的少数民族干部队伍，为全州政治、经济、社会、文化、生态的发展提供了坚实的人才支撑。

70年来，恩施土家族苗族自治州经济综合实力高速增长。2017年全州固定资产投资达到831亿元，是1976—1980年5年总量5.2亿元的160倍，累计投资超过5360亿元。基础设施条件明显改善。铁路、高速公路在恩施纵横贯通，全州公路通车里程达到23053千米，高速公路通车里程达到465千米，承东启西、接南纳北、内畅外联、辐射周边的综合交通运输体系基本形成。恩施机场完成二期改扩建，目前已开通12条航线，可通达北京、上海、广州、深圳等15个城市，2018年旅客吞吐量突破100万人次。州城、各县城与乡镇等城镇基础设施明显改善，500千伏输变电工程以及城乡电网改造工程得以实施，电力基础设施明显改善，交通、水利、通信和广播电视等基础设施逐步完善。

2013 年 8 月 19 日，庆祝恩施土家族苗族自治州建州 30 周年大会暨促进民族地区发展推进会在恩施土家族苗族自治州文化中心举行

恩施之夜

改革开放取得明显成效。农村税费改革顺利完成，土地二轮延包有序开展。乡镇综合配套改革、事业单位改革、集体林权制度改革、医疗卫生体制改革等顺利推进。教育实现了“两基”目标，城乡免费义务教育全面普及，基本形成学前教育、基础教育、职业教育、成人教育、高等教育、特殊教育协调发展格局。新型农村合作医疗参合率达94.8%，城镇基本医保参保率达95%，县乡村三级卫生服务网络不断完善。

今日之恩施，游客如云，高路纵横，山清水秀，民乐年丰，城乡同步，发展迅疾。2.4万平方千米的浩大画卷，处处流光溢彩，处处美不胜收！

在“摆手舞”铿锵的节奏中、《龙船调》优美的旋律里、“西兰卡普”绚烂的色彩中、“硒”望之光的指引下，恩施这片奇绝的土地，迎来了春风化雨，日新月异！在改革开放的康庄大道上逐梦飞翔！如一艘巨轮，在新时代中国特色社会主义建设的征程上，乘风破浪，扬帆远航！

第二章 武陵明珠

生态立州

恩施被誉为“鄂西林海”“动植物基因库”等，因地处北纬30°附近，生态资源极具优势，是地球上“最适合人类居住的地方”之一。

生态是恩施土家族苗族自治州的最大优势，也是最宝贵的财富。中华人民共和国成立70年特别是改革开放40年来，恩施历届党委、政府带领全州各族人民，在认识自然、改造自然的实践中，不断丰富和完善

茶园人家

发展战略思路，先后提出“以林为主、综合开发”“念山水经、打优势仗、唱特色戏、走致富路”“建设生态恩施土家族苗族自治州”的发展理念，把“生态立州”放在第一位，始终坚持生态建设、环境保护与资源开发有机结合，在保护中开发，在开发中保护，着力推进绿色繁荣，促进了全州经济建设与资源环境协调发展。全州通过大力实施“生态立州”战略，统筹推进生态文明建设，生态经济稳步发展，环境质量稳步提升，生态保护成效明显，资源利用效率提升，生态文化体系逐步健全，实现了经济社会与生态文明建设同步协调发展，走上了绿色繁荣之路，书写了美丽与发展双赢的传奇。

仙居恩施

地缝奇景

“绿水青山就是金山银山。”恩施山水在习近平生态文明思想的指引下，实现由“穷山恶水”向“金山银山”的华丽转身。

2017年3月31日，湖北省政府通报：2014年，恩施土家族苗族自治州生态价值为10.74万亿元，是同期自治州地区生产总值的175.5倍。其中，生态资源价值9.7万亿元，生态产品价值1360.38亿元，生态服务价值9039.19亿元。

多年来，州委、州政府始终坚持绿色发展理念，把生态立州摆在“五州战略”的首位，强化生态优先、绿色崛起理念，开启了生态文明建设的新征程。

立足生态保护，结合“美丽恩施”建设，开展“五大专项治理”，成就不凡。

让“山更青”。出台《恩施土家族苗族自治州山体保护条例》，首次为山水立法。推进绿满荆楚、退耕还林还草、森林抚育、天然林保护、长江防护林建设等重点生态工程，植树造林222万亩，森林覆盖率由60.4%提高到63.1%；2017年年底，全州森林覆盖率64.37%、林木绿化率73.61%、森林蓄积量0.8115亿立方米。

利川小河水杉林

让“水更绿”。建立县、乡、村三级“河长制”，主要河流监测断面水质达标率和城区集中式饮用水源水质达标率均为100%。纳入省考核的8个地表水断面水质符合Ⅰ—Ⅲ类的比例为100%。2018年以来，全州在全省率先出台“四个三重大生态工程”三年行动实施方案。大力实施“厕所革命”，计划到2020年全州农村无害化厕所普及率达到100%，城镇、旅游公厕等配套推进。强化污水治理工程，省财政厅投资1000万美元周转金进行污水治理，保证进入清江的水质达标。

让“天更蓝”。全面推进重点行业和领域大气污染综合治理，着力改善大气环境质量，纳入国家、省考核的州城恩施市优良天数比例达86.8%。全州空气质量优良率高于全省平均水平，城市空气优良天数保持在312天以上。

让“土更净”。推进耕地酸化治理和国土整治工程，被国土资源部表彰为国土资源集约节约模范州。全州已落实544万亩耕地保有量和439.13万亩基本农田保护面积目标任务。

云海日出

巴东巴人河景区

秀美清江

航拍恩施大峡谷

咸丰坪坝营古杜鹃群落

仙居家园

清江闯滩醉游人

土苗山寨

高山天然莼菜池

朝东岩

让“城乡更美”。开展“六城”同创，建成了一批“环境优美、干净整洁、畅通有序、宁静祥和、文明开放、宜居宜旅”的新城镇。深入推进新农村建设，建成了一批特色乡镇、特色村庄，城乡面貌焕然一新，城镇化率由32.53%提高到41.88%。

经过多年坚持不懈的努力，全州生态环境不断优化，人与自然和谐相处，呈现出一幅幅蓝天白云、碧水青山的美丽画卷。“望得见山、看得见水、记得住乡愁”的“美丽恩施”建设目标正在变为可触可感的现实！

产业兴州

70年来，恩施土家族苗族自治州工业从小到大、从单一到多元的链条式发展，经历了成长壮大、改革重组、结构调整等艰难历程。“十一五”以来，州委、州政府从制定“工业兴州”战略，转化为“生态立州、产业兴州、开放活州”的“三州战略”，明确了依托优势资源大力发展生态工业、绿色产业的目标，特色资源的后发优势逐步显现。

湖北中烟恩施卷烟厂

"产业兴州"发展论坛

不仅为农民脱贫致富拓展了新的途径，而且为恩施土家族苗族自治州全面建成小康社会奠定了坚实的基础。

发展产业，是当今经济发展、精准扶贫、城镇建设等各项工作的有效抓手与直接载体，是重中之重。恩施人清晰地认识到，产业兴，则恩施兴；产业旺，则恩施旺。而且，恩施地处大山之中，产业的选择必须依托大山、结合大山。

自新中国成立以来，恩施土家族苗族自治州一直在探索产业发展之路。多年来，从一、二、三产业的发展壮大到比例的调整，经历了一条艰难、坎坷、不懈、辉煌的创业之路、求索之路、成功之路。多年来，州委、州政府始终坚持"产业兴州"这一基础性战略不动摇，打好绿色牌，走宽特色路，下好先手棋，推动各项产业融合发展，加快培育绿色产业体系。新世纪以来，恩施土家族苗族自治州农村经济总量增长迅速，结构调整步伐加快，特色农业初具规模，农业产业化经营向着纵深发展，农业科研水平大幅度提升，农村基础设施和生态环境建设成效显著。到如今，"七大产业链"（现代烟草、富硒茶叶、畜牧、清洁能

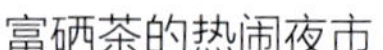

富硒茶的热闹夜市

大棚蔬菜致富

农技知识到田间

九洲牧业崔坝基地

恩施轴承享誉山外

硒博会

源、生态文化旅游、信息、大健康）初步建成。尤其经过产业的选择、整合、优化，“四大产业集群”（生态文化旅游、硒食品精深加工、生物医药、清洁能源）势头正劲，发展优势明显，市场辐射能力不断增强。一大批“恩施产品”“恩施品牌”走出武陵大山，亮相国内外各大市场。

生态文化旅游业热度只增不减。全州目前已形成1处世界文化遗产、两个AAAAA级景区和18个AAAA级景区的高等级旅游景区集群，AAAA级景区实现了县市全覆盖，6个县市成为旅游经济强县。观光、休闲、避暑、度假复合型旅游业态已初步形成，围绕“食、住、行、游、购、娱”等旅游要素，不断进行完善与拓展，创新创造，引领风尚。多年坚持不懈，建成了独具特色的生态文化旅游景点集群。旅游发展综合指数进入全省四强，恩施土家族苗族自治州成为全国首批、全省唯一的国家全域旅游示范区创建州，成为全国知名的旅游目的地，被评为“中国旅

大棚草莓增富路

山外有订单

咸丰县小村乡绿色产业

土家服饰放异彩

电脑培训进农村

游新发现”，在众多旅游排行榜中，恩施跻身前列，游客满意度连续两年在全省排名第一。恩施大峡谷、利川腾龙洞等旅游项目已成为我国著名的旅游目的地，咸丰坪坝营、恩施土司城、梭布垭景区、巴人河景区等一批AAAA级景区提档升级项目顺利推进，总投资34亿元的恩施青云崖文化旅游、总投资40亿元的巴东绿葱坡滑雪场和度假小镇、总投资10亿元的恩施铜盆水森林小镇等重大旅游项目正在有序推进，联结8个县市的千公里绿色生态旅游公路基本建成。近年来，年接待游客突破5000万人次。

硒食品精深加工业态全面开花。州委、州政府大力支持涉硒重大项目建设，目前全州共有规模以上涉硒食品企业127家，其中产值过亿元的涉硒食品企业1家，产值过4000万元的涉硒食品企业16家（含过亿元企业）。恩施硒茶之“利川红”和“恩施玉露”成为2018国事活动武汉东湖茶叙用茶，这是全州数十年来坚持不懈建设茶叶产业重点项目的

茶乡

鸡爪黄连

莼菜

高山牧场

药材产业初显成效

“华中药库”产业链不断延伸，打造“药交会”平台

一次厚积薄发。通过大力推进“世界硒都·中国硒谷”建设，实施“硒+X”战略，形成了以硒种养业为核心，涵盖了硒食品加工、养生健康等方面的特色产业集群。围绕第一产业做文章，建成了独具特色的农产品生产基地。特色农产品基地达到630万亩，拥有全省最大的烟叶、茶叶、药材、高山蔬菜基地和全国最大的富硒产业集群，形成了“恩施硒茶”“恩施硒土豆”“恩施中药材”等一批知名公共品牌。4个有机农业基地、8个绿色食品原料基地通过国家有机、绿色认证，总量居全省首位，成为全省唯一获得国家有机农产品基地认证的市州。创建省级农村三产融合发展示范乡镇4个、省级休闲农业示范点7个，被授予“全国休闲农业与乡村旅游示范州”称号。

生物医药产业重新焕发生机。在州委、州政府的强力推动下，生物医药产业成为州域经济的朝阳产业、老百姓的致富产业。生物医药制造产业链不断延长，“恩施中药材”已经形成知名公共品牌。华阳药业大健康产业园、人福医药恩施产业园、国药器械（湖北）恩施产业园、国药（湖北）恩施生物医药产业园、天下汇通中药产业化项目、华威药业公司等一批重大项目成功签约并逐步推进，八峰药化、香莲药业技改项目进展顺利。生物医药年产值突破40亿元，药材企业达到80家，其中规模以上企业20家，8家企业通过国家GMP认证，10家企业被认定为国家高新技术企业。“华中药库”的美誉正日益变成新的经济增长极，并已初见成效。

围绕建设华中地区重要清洁能源产业集群，全州清洁能源产业持续转型升级。恩施土家族苗族自治州水能资源理论蕴藏量达509.31万千瓦，水能资源可开发量占全省的9.8%，仅次于宜昌，居全省第二位；风能资源理论蕴藏量达300万千瓦；天然气资源主要集中在利川建南气田区（湖北省探明的唯一常规天然气产区），探明含气面积104.04平方千米，天然气地质储量132亿立方米；页岩气勘测储藏量近5万亿立方米，占湖北省页岩气资源的一半；光伏日照资源属于Ⅲ类资源区。全州清洁能源总装机突破400万千瓦，其中传统水电装机达到349万千瓦，年总发电量突破100亿千瓦时，风电、天然气、生物质能等新兴能源开发得到长足发展，利川齐岳山、寒池、柏杨等7个风电项目建成投产，装机总容量44.59万千瓦，建成了中国南方最大的山地风力发电场。恩施板桥、利川元堡、利川中槽等风电项目正在抓紧建设中，宣恩椿木营、鹤峰走马等风电项目也即将动工建设；光伏产业成为全州脱贫攻坚的重要产业；天然气年产能达到1.2亿立方米。页岩气勘探开发加快推进，整体工作正在沿着油气产业慢决策、快推进的行业发展特点稳步推动；清江水布垭、咸丰朝阳寺、宣恩洞坪等水电站建成投产，利川峡口塘、鹤峰江坪河等重大水电建设项目正在抓紧建设。电网建设方面，先后完成了农村电网改造、县城电网改造、农村“户户通电”、500千伏输变电、电铁牵引配套电源等重点项目，全州已建成35~500千伏变电站174座，35~500千伏线路5097千米。燃气管道方面，全州7座县城、22个乡镇实现了管道天然气供应，天然气长输管道总里程达到481.54千米，城镇燃气管道达到1080.5千米。目前，全州清洁能源发电总装机容量已达400万千瓦，清洁能源产业已成为全州经济社会发展的重要支撑。

全州建成了独具特色的工业体系。绿色食品、清洁能源、现代烟草等支柱工业不断壮大。湖北中烟恩施卷烟厂、清江水布垭电站、齐岳山风电、湖北中广核利川风电等一批重点工业项目相继竣工投产，形成了食品、能源、烟草、药化、建材、矿产等六大支柱工业。

伴随着“智慧城市”的建设，全州不断发展壮大信息产业。浪潮集

齐岳山风力发电

团落户恩施，利川云计算中心投入运行，信息产业成为推动州域经济转型升级的关键产业。现代物流、电子商务、中介服务等新业态和现代服务业实现快速发展。阿里、京东等知名电商相继开设恩施馆，电商交易额突破30亿元。

注重科技的引领作用，科技对经济的支撑作用进一步增强，省级创新平台由3家增加到19家，高新技术企业由2家增加到30家。金融服务实体经济的能力不断提升，金融生态环境持续改善，连续八年荣获“湖北

恩施山泰水电设备制造公司正在加工大型钢构件

省金融信用州”称号。

全州产业发展质量和效益全面提高，经济规模成倍增长、综合实力大大提升。2018年，地区生产总值670亿元，年均增长10.7%；全社会固定资产投资726亿元，年均增长24.3%；地方一般公共预算收入67.2亿元，年均增长20.8%；城镇常住居民年人均可支配收入22198元，年均增长12.1%，农村常住居民年人均可支配收入7969元，年均增长15%。

清江水布垭大坝建成与坝区蓄水后，恩施土家族苗族自治州境内的清江形成干支流约200千米长的深水航道，可通小型客轮与货轮，为恩施山区增加了一条碧波万顷的黄金水道。还有许家坪机场的改扩建与12条航线的开通等。一系列的水陆空交通网络，已经为恩施土家族苗族自治州产业发展、跨越发展插上了腾飞的翅膀。

风正一帆悬！广袤的恩施大地，迎来新一轮的“绿色崛起”，产业发展势不可当，各行各业齐头并进，万象更新！

开放活州

70年的艰苦求索，恩施人终于从党和国家改革开放的战略决策中求得答案：要脱贫，要致富，就必须取消封锁，放宽政策，开拓市场，全面实施开放型经济发展；要提升，要变样，就必须发挥优势，打开山门，放眼世界，与山外互通有无、资源共享。

宜万铁路恩施段

正在修建中的渝利铁路（重庆至湖北恩施土家族苗族自治州利川市），此条铁路按动车通行标准设计（陈力　摄）

湖北沪蓉西高速公路开工典礼

改革，才能进步；开放，才能活州。

开放，是人的开放、信息开放、平台开放与商业模式的整体开放，开放发现新路径、找到新角度、形成新组合，实现日新月异的新空间。恩施的生态人文资源需要发掘，水陆交通枢纽需要拓展，商贸流通渠道需要激活，城乡基本建设需要改观，传统民族文化需要弘扬，特色民营经济需要加强…… 总之，只有开放，变革才有方向，创新才有示范；只有开放，才能取人之长，实现与时俱进，创新创造、升级发展。

70年来，恩施各部门协调配合，在改革开放中都付出了辛勤的劳动，奉献了宝贵的光与热。开放，通过主动吸纳高新技术、招商引资项目建设、改革人事机制、凸显民生保障、打通交通瓶颈、借力外事侨务、释放市场活力、创建开放平台……正是由于在州委、州政府的领导下实行部门联动，各显神通，使得恩施土家族苗族自治州改革开放的大戏越唱越精彩。州域经济实力显著增强，城乡面貌发生深刻变化，特色产业体系基本形成，各项社会事业蓬勃发展，一个绿色、繁荣、开放、文明的恩施土家族苗族自治州已经卓然立世！

州委、州政府始终坚持把“开放活州”作为先导性战略，立足武陵、面向全国、走向世界，构建全方位、多层次、宽领域的对外开放新格局。多年来，坚持开放理念，以开放气度迈出开放步伐。全州上下，共同认识到“开放活州”是“产业兴州”“生态立州”的动力之源、活力之泉。没有开放，生态魅力就难以彰显；没有开放，产业实力就难以提升；没有开放，发展活力就难以释放；没有开放，“大众创业、万众创新”的创造力、创新力就无法充分迸发出来。

一道金桥连山外

侗乡寨门迎游客

开放，乃活水之源。对于地处大山之中的恩施土家族苗族自治州来说，开放，更是发展的先导与突破、瓶颈与关键，是事关全州的大事、要事，是观念革新与实践的前提与基础。全州各族人民用改革的精神创造着辉煌的成就，用开放的情怀托起了这片充满希望的热土！

土家服装秀

打通开放的通道。强力推进交通基础设施建设，先后建成宜巴、恩来、恩黔高速和渝利铁路，利万、宣鹤、恩建高速和黔张常铁路即将建成，郑万铁路建设全面启

清江舞

辉煌州城

动，宜来、咸来、利咸高速和安恩张、昭黔恩铁路前期工作加快推进。恩施机场二期改扩建竣工运营，航站楼面积、机场跑道大幅增加，目前已开通12条航线，可通达北京、上海、广州、深圳等15个城市。州城连接各大景区的“千公里”绿色生态旅游公路基本建成，79个乡镇通达国省道二级公路，具备条件的行政村全部通柏油、水泥路。建成全省第一家上线的移动政务新媒体信息化平台，宽带进村率达98%。交通大通道和信息高速公路的加快建成，使恩施羽翼更丰，已呈振翅腾飞直上云霄之状。

恩施土家族苗族自治州州城新貌

创新开放的机制。深化拓展州校合作，在中国人民大学建立鄂西文化旅游产业大数据发展研究院，在中南民族大学建立恩施发展研究院，在武汉轻工业大学建立恩施绿色富硒特色农产品精深加工研究院，建成了国家富硒产品质量监督检验中心。恩施龙凤全国综合扶贫改革试点逐步破题，探索建立了投融资、镇村治理等十个方面的新机制。武陵山龙凤经济协作示范区建设取得实质性成效。行政审批改革、政治体制改革、文化体制改革、社会体制改革、生态文明体制改革、党的建设制度改革等都取得阶段性成效。

土家山乡飘玉带（沪渝高速湖北恩施白果段与宜万铁路交会处景观）

雄伟的巴东长江大桥

打造开放的“桥头堡”。“大众创业、万众创新”蓬勃兴起，对外开放成效明显，招商引资实际到资、直接利用外资、外贸出口年均分别增长25.7%、18.14%和21.12%。国际友好城市交往步伐加快，成功举办国际国内各类活动，如国际茶业大会、中国马铃薯大会、硒博会，这些会展活动已经在日益开放的背景下，成为“世界硒都”最新、最时尚、最亮丽的名片。全州各级开发区、高新区形成体系，仅以恩施土家族苗族自治州州城为例，在省里的支持下，成立了恩施经济开发区、恩施土家族苗族自治州高新技术产业园区等开发开放机构平台。

朝气蓬勃的生态旅游与文化旅游产业带来的开放活力，州城与各县城的城市新区建设呈现出的开放格局，被称为“恩施模式”的生态家园文明新村建设在全国普遍推广的开放实效，一起形成全州的开放合力，正在使恩施土家族苗族自治州变得活力四射，日新月异，2.4万平方千米的宏大画卷，处处浓墨重彩，美不胜收。

恩施打开山门，世界不再遥远。一个开放的恩施，正在向世界展示她迷人的风采，大美山水、奇特风情、富集资源正在敞开的大门华丽呈现！

依法治州

有法可依、有法必依、执法必严、违法必究是法制建设的根本点、基本遵循与最终目标。在全面依法治国的新形势下，州委、州政府始终将依法治州作为保障性战略来抓，走立法引领、法治护航之路，把法制建设作为恩施全面发展、早日建成全国先进自治州的重要内容和根本保障。

坚如磐石

法治宣传

70年来，恩施土家族苗族自治州伴随着共和国法治建设步伐，切实抓好贯彻落实，全力践行法治理念，不断建立健全法制体系。在全面依法治国的新形势下，州委、州政府始终将依法治州作为保障性战略来抓，走立法引领、法治护航之路，为恩施实现绿色崛起、打造湖北特色产业增长极提供强有力的法治保障。多年来，在法治恩施的建设上，恩施土家族苗族自治州结合自身实际，探索出“律师进村”“治安中心户”“网格化管理”“基层治理模式”等多种卓有成效的方式与方法，如今，运用互联网及大数据等科技手段，把“法治恩施”与“智慧恩施”建设紧密结合，依法治州迈上新的台阶。

恩施土家族苗族自治州立法机构紧紧围绕法治恩施建设目标，结合恩施实际，制定出台相关条例，为全州经济社会发展保驾护航。全州先后颁布实施了《恩施土家族苗族自治州人大及其常委会立法条例》《恩施土家族苗族自治州山体保护条例》《清江保护条例》以及《关于全面深化改革加强法治恩施建设的意见》《恩施土家族苗族自治州普遍建立

农业执法到山乡

维权普法相结合

法律顾问制度的实施意见》，成立了州法治建设专家委员会、州涉法涉诉律师顾问团。恩施土家族苗族自治州创新性创设的“律师进村，法律便民”改革创新经验引起国家相关部委高度肯定与重视，并在全国进行推广，在北京举行了新闻发布会、改革创新成果理论研讨会。强化法制宣传教育，全州法制教育宣传活动按照规划有条不紊循序推进。

多年来，州委、州政府坚持总揽全局、协调各方，推动人大及其常委会依法履职，支持政协开展政治协商、民主监督、参政议政。全州各级领导干部法治自觉、法治水平明显提高，以言代法、以权压法现象大为减少，人民群众对法治的真诚信仰得到更有力的呵护。坚持把权力关进制度的笼子，政府工作全面纳入法治轨道，简政放权激发社会活力。全州政务生态清朗，依法用权。扎实推进“法治恩施”建设，圆满完成“六五”普法和司法体制改革试点任务，全州5家单位获得全国法治建设先进称号。社会治理创新推进，探索并形成了村医村教进村级班子、农民办事不出村、法律顾问进乡村“三位一体”基层治理方式，国家司法部授予州司法局集体一等功。“平安恩施”建设深入推进，社会治安防控能力不断增强，矛盾纠纷化解机制更加完善，信访工作不断加强，社会大局持续平安稳定，公众安全感、社会治安满意度、执法公正满意度居全省前列。

全州公平正义阳光普照，自1983年“严打”之后，全州政法系统聚焦聚力“严打”，努力改变“坏人神气、好人受气、积极分子憋气、基层干部泄气”的状况，人民群众安全感大大增强。1996年、2001年、2018年等年份又持续开展了扫黑除恶专项行动，一大批村霸恶痞被依法严惩，黑恶势力人人喊打的社会氛围加速形成，一些软弱涣散的基层组织得到整顿治理，黑恶势力“保护伞”被挖出，和谐法治的社会风气更加清朗。近年来，全州没有发生重大群体性事件、极端案（事）件，群众安全感、治安满意度、公正执法满意度大幅度提升。

全州不断创新社会治理模式。恩施土家族苗族自治州结合实际，在社会治理尤其是基层治理体系和治理能力建设上，创造了一个又一个值得推广的恩施经验。2002年，成功探索推广“治安中心户”的基层治理模式，群众推选的“治安中心户长”担负警民联系员、情报信息员、纠纷调解员、法制宣传员、交通协管员、帮教转化员、权益维护员，成为村级组织的中坚力量，该模式受到上级高度重视和肯定，在全国范围

利川市公安局“除恶”专项斗争新闻发布会

推广；“十户电话联防”机制也获得上级好评，提升了农村群防群治和技防建设水平，起到了村民邻里紧急求助、相互帮扶的作用。当年的统计数据显示，自开展“十户电话联防”业务以来，盗窃案件同比减少了45%~80%；探索的“一统三治”方法，务实管用。以自治为本，以法治为基，以德治为根，深入开展群众性精神文明创建，弘扬向上、向善、向美正能量，全州开展系列最美评选活动，农村群星灿烂，农村精神文明建设全方位提高。

法治恩施稳步推进。立足州情，切实加强法治建设，法治状况不断改善，依法治州有序推进，依法执政能力不断提高。党的十八大以来，特别是十八届三中全会召开后，州委、州政府出台《关于全面深化改革加强法治恩施建设的意见》，明确提出到2020年建成全国法治建设先进自治州的目标。民族立法水平不断提升。建州以来，州人大共制定自治法规17部。在民族立法实践中，始终坚持党的领导、人民当家做主、依法治国有机统一的社会主义法治基本原则，科学立法、民主立法的能力和水平逐步提高。依法行政意识不断增强，行政管理方式从权力导向型向规则导向型转变。全民学法用法热情高涨。1985年以来，全州共落实7次五年普法规划。普法工作始终坚持服从服务于改革发展稳定大局，紧紧围绕各时期党委、政府中心工作和社会生活中的难点、热点问题，为全州经济社会发展创造良好的法治环境。

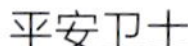

平安卫士

保护知识产权

在法制建设基础上，党风党纪建设也全面推进。州委、州政府牢固树立“四个意识”，坚决以党的旗帜为旗帜，以党的方向为方向，以党的意志为意志，维护核心、对标看齐，全面从严治党迈出坚实步伐，营造了风清气正、干事创业的政治生态，为推动全州经济社会健康快速发展提供了强有力的组织保障。全州认真落实全面从严治党“两个责任”，扎实推进全面从严治党向基层延伸，纪律审查疾风厉势，党风廉政建设纵深推进，“四风”突出问题得到有效遏制，反腐败压倒性态势已经形成，全州政治生态同样“山清水秀”。

各级党组织和全体党员深入学习贯彻习近平总书记系列重要讲话精神和治国理政新理念新思想新战略，扎实开展党的群众路线教育实践活动、“三严三实”专题教育、“两学一做”学习教育，深入开展“不忘初心·永跟党走”和“支部主题党日”活动，广大党员干部思想根基更牢，“四个自信”更加坚定。

切实加强新形势下宣传思想文化工作，宣传主旋律、传播正能量，践行社会主义核心价值观，“最美恩施人”“最美家庭”“最美孝心少年”……系列评选全域开花。落实意识形态工作责任制，广泛开展文明创建和理论、百姓“双宣讲”活动，向中心聚焦、为大局聚力，为全州经济社会发展营造了良好舆论氛围。建设法治恩施，是依法治国方略在恩施土家族苗族自治州的具体实践，人民群众是参与者，也是获得者，暖在心里，喜上眉梢。

实践表明，全州党建与发展相辅相成、同向同力，最大限度地发挥效能，实现了党建与中心工作的深度融合，做到了“两不误、两促进”。坚持法制理念，以全面深化改革为动力，深入推进平安恩施、法治恩施建设，努力维护国家政治安全、确保社会大局稳定、促进社会公平正义、保障人民安居乐业。

富民强州

恩施土家族苗族自治州改革开放的过程，其实也是不断探索、壮大、健全产业的过程。

恩施地处大山，虽说受到限制是因为山，但资源优势在山，故而出路也在山。改革开放之初，产业结构非常单一，而且传统老旧。把眼光回溯到1978年，那些单薄的经济学数字会在今天变得难以置信，但那就是我们的出发点。

历届历任州领导都深知一个道理：发展必须有产业的支撑，必须以产业的发展作为基础。为了发展产业，恩施人民前赴后继进行了艰难的探索，纵观新中国成立、改革开放、建州等不同的时间节点，产业从无到有、从小到大、从弱到强，凝聚了一代又一代恩施人的智慧与汗水。虽然与外面发达地区相比，我们还存在进一步提升的空间，甚至有着产业发展速度上的滞后之虞；可是，相对这片土地，相对于70年的历史而言，却有着沉甸甸的收获。

恩施土家族苗族自治州多年坚持不懈地奋斗，产业结构不断完善，产业链条不断延伸，产业实力不断增强，产业体系不断健全。到2017年，全州工业经济发展到403亿元，产值过亿元企业达64户。全州建筑业产业规模得到大幅提升，目前已经形成拥有总规模373家近53万人的建筑产业大军，全州建安行业年总产值达140亿元；旅游综合收入达到367.46

丰收的笑颜

亿元；全州规模以上农产品加工企业298家，实现农业总产值275.19亿元，规上农产品加工产值249.76亿元。

重大民生类项目建设逐步完善，人民群众的获得感、幸福感不断提升。恩施土家族苗族自治州是全国易地扶贫搬迁中规模最大、任务最重的市州之一，“十三五”期间要完成7.4万户24.3万人搬迁任务，约占全省任务的四分之一。2017年10月底，全省易地扶贫搬迁现场会在恩施召开，得到省里的高度肯定，中央电视台、湖北电视台都进行了经验报道。2018年7月，州人民政府受到湖北省年度易地扶贫搬迁先进集体的表扬通报，在受表扬集体中排名第一。2016年9月12日，国家民委在恩施土家族苗族自治州召开了第二届全国民族自治州全面建成小康社会经验交流现场会，恩施土家族苗族自治州被命名为“全国民族团结进步创建活动示范州”。

在发展产业上，从最单薄的农业出发，尝试建立起较为健全的小工业规模体系，然后在时代的淘洗中不断选择、甄别，最终确定科学的产

乡村集市

恩施机场通航点达到 12 个，既有北上广深等国内一线城市，也有昆明、厦门、杭州等著名旅游城市

助学到农村

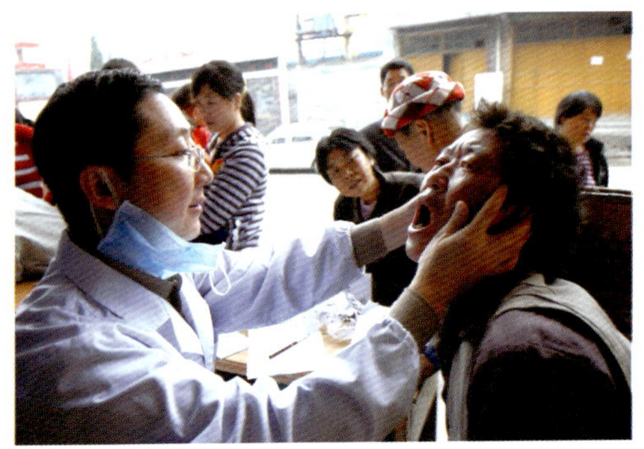

合作医疗农民得实惠

扶贫水窖

业方向与类别，不断前行。到今天，依托自身的资源禀赋，开启一条符合恩施土家族苗族自治州州情的特色产业发展之路，这个寻找的过程，是不断改革的过程，也是不断奋斗的过程。

多年来，坚持为人民群众集中办理了一批实事，“行路难”“上学难”“就医难”“饮水难”“住房难”等民生问题得到明显缓解。100%的行政村通了柏油、水泥路，100%的行政村通了客车，解决了126万农村居民和32.8万农村师生的饮水难题，基本实现了通信、广播电视“村村通”和电力“户户通”，农村生产生活条件明显改善。精准扶贫、精准脱贫取得显著成效，恩施市龙凤镇在全州率先整体脱贫，四县市五乡镇高山片区区域扶贫稳步推进，累计减贫超过100万人，农村贫困发生率由35%下降到19.1%。大力推进公共服务均等化，民生支出占公共财政支出比重始终保持在80%以上。实施了一批教育建设项目，城乡办学条件明显改善。实施了乡镇卫生院达标建设、村卫生室标准化建设等一批卫生基础设施项目，医疗卫生服务体系不断完善。全面落实各项惠民政策，

加强就业指导

滋味

茶农休闲唱山歌

人诚税公

福利院里喜事多

新增城镇就业20.7万人，实现再就业5.6万人，扶持创业2.7万人。城乡居民社会养老保险制度不断完善，各类社会保险参保人数达298万人次。恩施土家族苗族自治州努力满足人民群众的精神文化需求，群众体育蓬勃开展，恩施女儿会、龙船调、土家摆手舞、利川山马赛等文化体育品牌影响力不断提升，成功创建中华诗词之州和中国楹联文化第一州，大型乡村音乐剧《黄四姐》等一批文艺精品荣获国内外大奖。

非常可喜的是，恩施在产业发展上坚持了一个非常鲜明的主线——生态。这从改革开放之初的文件中就能找到印证。多年来，我们在产业发展上提出了多个“一二三四”，这个“一”永远是保护生态、打造产业的“核心”。这是上符国家发展战略、中承“三大后花园”保障功能、下应全州人民群众健康环保之需的科学之举。虽然一直坚持着“红线”一样的发展自觉，但更是与时俱进、利国利民的睿智选择。

在发展政策尤其是产业发展上，我们先后提出“念山水经、打优势战、唱特色戏、走致富路”，“三州战略”（生态立州、产业兴州、开放活州），“五州战略”（在“三州”基础上再加上“依法治州、富民强州”），打造“六大产业链”“七大产业链”等。如今，新一届州委、州政府审时度势，与时俱进，整合资源，提出“一二三四”的目标（即一谷：世界硒都·中国硒谷；二基地：全国知名的生态富硒产业基地，华中地区重要的清洁能源基地；三示范区：全国生态文明示范区、国家全域旅游示范区、全国民族团结进步示范区；四大产业集群：生态文化旅游产业集群、硒食品精深加工产业集群、生物医药产业集群与清洁能源产业集群）。这是顺应时代发展要求、符合恩施实际特色、吻合国家发展战略的精准定位，尤其与历史上恩施产业发展政策一脉相承，因此，顺天意，得民心，出实效。

转盘星轨（陈年恕　摄）

风雨桥

这片土地上的人民会记住那些摇旗呐喊者、跋涉求索者、奋笔疾书者、实践弄潮者，其功其德，永铭山河。一路走来，恩施土家族苗族自治州紧跟时代，勇闯洪流，历经阵痛与欣喜，从春风初拂到如今习近平新时代中国特色社会主义思想指导下的建设阶段，尤其在精准扶贫、振兴乡村战略中，产业发展屡建奇功。在如今新的产业构建下，恩施的独特资源、民族文化、山水风光、区位地理等都成为发展产业的绝佳优势。

在党和人民政府领导下，全州各族人民卧薪尝胆，开拓奋进，描绘出一幅脱贫致富的图画，谱写出一首富民强州的颂歌。

宣传思想文化事业不断发展进步，理论武装、新闻宣传、互联网治理、精神文明建设、文化改革发展等重点工作取得了显著成效。

财政事业从一个“穷”字开始，穷则思变，勇立时代潮头，以改革创新的勇气、敢为人先的锐气，克难奋进，扎实工作，创造出壮飞上青天、财苑揽明月的累累硕果。

全州金融业和金融组织体系不断健全和完善，金融服务实体经济能力不断增强，金融风险防控能力不断提升。

国企从无到有、从小到大，不断深化改革，其千帆竞发、逐浪前行的姿态，谱写出国资国企助推全州经济发展壮歌中的一个璀璨乐章。

民政工作切实践行“以民为本、为民解困、为民服务”工作理念，为“解决民生、落实民权、维护民利”做了大量艰苦且细致的工作，全面推进社会救助、抗灾救灾、社会福利、优待抚恤、社会事务和基层民主政治建设等工作，发挥了全社会无法替代的维护稳定作用。

市场监管事业严格按照“四个最严”要求，牢固树立民以食为天理念，认真对照职能职责，监管实效不断提高。

工、青、妇始终紧跟党的步伐，高扬理想信念之旗，积极投身恩施土家族苗族自治州经济社会发展建设的光辉历程，凝聚思想共识，汇聚发展力量，书写出一个个动人故事,创造出一部部英雄传奇。

旅游事业奏响风生水起、观游如潮、赶超跨越的发展强音，见证着总量扩大、结构调优、实力增强的业界奇迹，一举成为湖北的强劲增长极，是中国腹地的知名旅游目的地，可以说是中国旅游新发现。

教育改革发展培养出一代代优秀人才，推动了全州经济社会的深刻变革。

文化体育新闻出版广电事业应时而为、顺势而动、乘势而上，立足本职，改革创新，呈现出百花齐放、特色鲜明、城乡共进的良好局面，公共文化服务体系建设日益完善；融媒体改革加强，整合资源、高举旗帜、引领导向……各项事业取得了长足发展，各民族人民以传统力量为支撑，以中华民族伟大复兴的中国梦为滋养，奋勇向前！

恩施土家族苗族自治州州城夜景

“长风破浪会有时，直挂云帆济沧海”，恩施发展之势如旭日东升，呈蓬勃繁荣气象，已成土苗儿女福祉，它必将在实现中华民族伟大复兴的中国梦的实践中，描绘出最绚烂的色彩！

70年来，恩施土家族苗族自治州始终保持与党中央高度一致，随着中华人民共和国的巨轮坚定而执着地行驶在历史的惊涛骇浪之中。州委、州政府始终坚持以人民为中心、发展成果人民共享的理念，不断进行调整与提高，坚持以人为本、民生优先，切实保障和改善民生。尤其在十一届三中全会以后，大力推进经济建设，突出发展，坚持城乡统筹，围绕“富民强州”这一根本性战略，实现社会的全面发展进步，增长速度越来越快，经济结构越来越好。在稳定发展的基础上，努力让全州各族人民共享改革发展成果、共享美好幸福生活，全州社会事业显著进步、人民福祉大幅跃升。今天的恩施土家族苗族自治州，政通人和、百业兴旺，各族人民的获得感、归属感、幸福感倍增，一个河清海晏、物阜民康的全国先进自治州正在全面建成小康社会的伟大征程中阔步前行！

第三章 清江流长

文化特点

北起大巴山，中经巫山，南过武陵山，至于南岭，是一条文化沉积带。古代的许多文化事象，在其他地方已经绝迹或濒临绝迹了，在这个地方却尚有踪迹可寻。这么长又这么宽的一条文化沉积带，在中国是绝无仅有的。恩施土家族苗族自治州就是这条文化沉积带上一片独特的文化沃土。

武陵山区是中国多民族文化的一个独具特色的区域性经济文化类型，是中国多元文化相互交融的一个典型地区和文化多样性重要存续地。位于鄂西南部的恩施，是武陵山区自成一体、颇具特色的亚区域，形成了以土家文化、汉文化为主，苗族文化、侗族文化等为辅的多民族文化共生的格局，文化多样性特点非常明显。

恩施土家族和苗族的文化具有显著的标识性，但两者的分布与内容并不均衡。土家族文化继承巴文化，创制和传承土家族文化，是恩施原住性民族文化，属于“先住”；苗族在明清时期迁入恩施，是“后入”文化。土家族文化沿清江、酉水两岸扩展，北至峡江地带，南到酉水流域，分布广泛；苗族文化主要分布在宣恩县及来凤、咸丰、利川等县市的部分地区。恩施土家族和苗族文化吸纳了其他少数民族的文化因素，但汉族文化元素的融入占比更大。

恩施山水

神话鱼木寨（叶星箭　摄）

恩施民间故事集

恩施土家族在长期的生产和生活实践中，用自己的聪明才智，传承了口头传说、古朴歌舞、精美工艺、民间信仰、历史古迹等丰富多彩的民族文化。

土家族的传说故事很多，如《佘婆婆》《锦鸡与巴西》《西兰卡普》。这些故事在民间广泛流传，体现了土家人的智慧。

恩施土家族是能歌善舞的民族，恩施被誉为“歌的海洋”。歌的种类有号子、山歌、田歌、风俗歌等。田歌中的薅草锣鼓，风俗歌中的神歌、哭嫁歌，都具有较强的民族特色。

恩施土家族苗族自治州南部酉水流域的摆手舞、八宝铜铃舞，恩施土家族苗族自治州北部清江中下流域的撒叶儿嗬，是土家族古老的祭祀舞蹈，具有浓郁的民族特色与韵味。

香港青少年学习西兰卡普织锦

八宝铜铃舞蹈

在建筑雕刻上，咸丰县唐崖土司城遗址的石人、石马、石牌坊，来凤县仙佛寺的摩崖造像，利川市鱼木寨的碑刻，都有较高的艺术水平。土家织锦西兰卡普具有浓厚的民族特色。

苗族猴儿鼓

恩施苗族也有多姿的民族文化。民歌朴实无华，音调高亢，多是自由散文体裁，一般只押调不押韵。苗族的猴儿鼓是一种广场民间舞蹈，舞姿轻松愉快，与猴子动作相似，多是表现农事活动的。板凳龙是苗族一种朴素舞蹈，由两人或三人舞一条板凳。

苗族工艺有挑花、刺绣、编织等。苗族姑娘从小就学习挑花和刺绣，挑刺的图案有人物、花、鸟、草等。在围腰、手巾上都喜挑花，在被面、鞋子、枕头上多绣花。

民族文化遗产保护

恩施土家族苗族自治州十分重视民族文化遗产保护工作。20世纪50年代就组织了对民间音乐与舞蹈的搜集、整理工作。20世纪80年代初，根据文化部、国家民委联合下发的《关于搜集整理文化艺术遗产的通知》精神，文化和民委部门组织了一次更大规模的“民间文艺十大集成”收集、整理、编纂工作，这项宏大的抢救工程历时12年，专业和业余文化工作者近700人参加，走访民间艺人4500多人次，共完成集成、志、史料汇编15种。为恩施土家族苗族自治州民族文化遗产保护奠定了坚实的基础。

恩施土家族苗族自治州高度重视法律法规在文化遗产保护中的作用。2005年5月颁布了《恩施土家族苗族自治州民族文化遗产保护条例》（以下简称《条例》），从法律层面解决了民族文化遗产的定位、保护和未来发展等问题，在全国30个少数民族自治州中开创了民族文化遗产保护工作立法之先河。2009年5月，州人民政府公布了《恩施土家族苗族自治州民族文化遗产保护条例实施细则》，保障和推进了《条例》的贯彻落实。

文物保护

截至2018年12月，恩施土家族苗族自治州有世界文化遗产1处，全国重点文物保护单位9处，省级文物保护单位89处，州级文物保护单位45处，县市级文物保护单位376处，文物点1652处，馆藏文物134709件，中国历史文化名村3个。

恩施土家族苗族自治州民间文艺集成图书

恩施土家族苗族自治州
民族文化遗产保护条例

恩施州文化体育局翻印
2011年6月

《恩施土家族苗族自治州文化遗产保护条例》

唐崖土司城址

唐崖土司城位于咸丰县唐崖镇唐崖司村，始建于元代，占地57.75万平方米。城周以石砌墙基上筑土垣，残高1.2米，城内尚存“三街十八巷”、衙署、万兽园等遗迹。

城址中部立石牌坊1座，全石仿木结构，一斗三升，飞檐翘角，三门四柱，高6.8米，宽6.03米。明天启年间（1621—1627年），土司覃鼎奉调出征，功勋显赫，升宣抚使司，朝廷赐建此牌坊。牌坊正、背面阴刻“荆南雄镇”“楚蜀屏翰”8个大字。牌坊前面有土司覃杰和夫人田氏的石马两匹及牵马石人各1座，线条流畅，造型逼真。牌坊右后侧，有明代土司先辈及田氏夫人墓。其后200米有覃鼎、覃杰、覃光烈墓。

唐崖土司城址充分展示了土家族建筑的雄伟壮观和石雕的精美绝伦，其遗迹、遗物为研究土司制度及土家族政治、军事、经济、文化提供了大量实物。2015年7月，在德国波恩召开的联合国教科文组织第39届世界遗产委员会会议上，成功列入世界文化遗产名录。

土司墓

土司牌坊上“荆南雄镇”刻字

土司牌坊上“楚蜀屏翰”刻字

唐崖土司牌坊远景

大水井古建筑群

大水井古建筑群位于利川市柏杨镇水井村，2002年被国务院批准为“全国重点文物保护单位”，分李氏宗祠和李氏地主庄园两部分。

李氏宗祠修建于清道光二十六年（1846年），占地3800平方米。建有3个大殿、4排厢房、6个天井，共有房屋69间。4排厢房中分别设有讲礼堂、仓库、银库、财房、族长住房及客房。祠堂正面东侧有口水井，用巨石垒墙与祠堂围成一体。水井围墙正面刻有“大水井”3个字。祠堂四周围墙高耸，左、右、后三方为依山势逐步升高的石墙堞垛。整个祠堂只有东西侧的“承恩门”和“望华门”可以出入，四周固若金汤。

位于宗祠西侧200米的李氏地主庄园，修建于1924年，占地4000多平方米。共有24个天井、174间房屋。房屋多为2~3层的楼房，其中有大厅、套房、客厅、客房、小姐楼、账房、仓房等。

整个建筑气势宏伟，彩楼门窗，立柱穿枋，花坛石墙雕饰丰富，工艺精巧，玲珑别致。

大水井古建筑群中李氏宗祠

大水井石墙

大水井古建筑群中李氏庄园

大水井

建始直立人遗址

建始直立人遗址

建始直立人遗址原称巨猿洞，俗称龙骨洞，位于建始县高坪镇麻扎坪村五组。1968年至2000年，中国科学院古脊椎动物与古人类研究所在此进行了大小9次发掘，发现早期直立人牙齿化石5枚和一些石器、骨器，同时发现包括布氏巨猿在内的80多个种属的哺乳动物化石，是我国目前发现的最早的古人类遗址之一。

建始直立人遗址为东西向穿山洞，海拔750米，洞长120米，高6~7米，宽2~15米。洞内为早更新世堆积，直立人牙齿化石分别出自东洞第八层、西洞第八层和西支洞第五层。建始直立人是人类的早期代表之一，距今约195万至215万年，此遗址是我国首次发现直立人与巨猿共生的化石点，对研究巨猿的生存、迁徙和灭亡以及巨猿与人类发展谱系提供了宝贵资料。

2006年5月，被国务院公布为“第六批全国重点文物保护单位”。

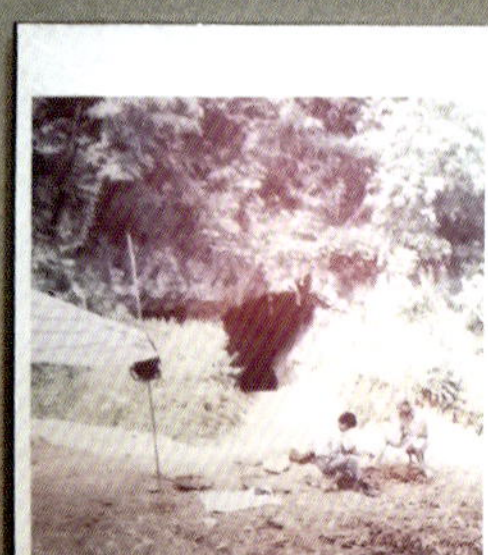

建始直立人遗址，位于恩施自治州建始县高坪镇麻扎坪村。原名龙骨洞，后因在洞内发现了很多巨猿牙化石，遂改名为巨猿洞。该洞为灰岩溶洞，是一个近于水平状的东~西向穿洞，长110米。

1970年至2000年，中国科学院古脊椎动物与古人类研究所专家和湖北、恩施自治州的文物工作者对其进行了多次发掘。发现早期直立人牙化石6枚及石器、骨器等，同时还发现了巨猿、猕猴、金丝猴、乳齿象、剑齿象、剑齿虎、豹、大熊猫、熊、古豺、桑氏鬣狗、貘、犀牛、猪、小猪、豪猪、竹鼠、鼠、云南马、麂、鹿、牛、羊等哺乳动物化石。

中国科学院古脊椎动物与古人类研究所对在这里发现的直立人牙齿化石进行了深入的研究，定名为建始直立人。经过古地磁测定，确定其时代为距今约200万年。

古人类进化经过了直立人（又叫猿人）、智人两个阶段，又各有早、晚两期。早期直立人生存的年代为距今约300万年至150万年，晚期直立人生存的年代为距今约150万年至15万年；早期智人生存的年代为距今约15万年至5万年，晚期智人生存的年代为距今约5至1万年。

建始直立人遗址是首次发现的直立人与巨猿共生的化石地点，是我国目前发现的最早的古人类遗址之一。它的发现，为人类进化史研究提供了新的材料，说明早在远古时代恩施就有人类的生存与繁衍。同时说明，要解决人类早期进化问题，恩施是一个很重要的地区。

2006年5月，建始直立人遗址被国务院公布为第六批全国重点文物保护单位。

建始直立人遗址介绍

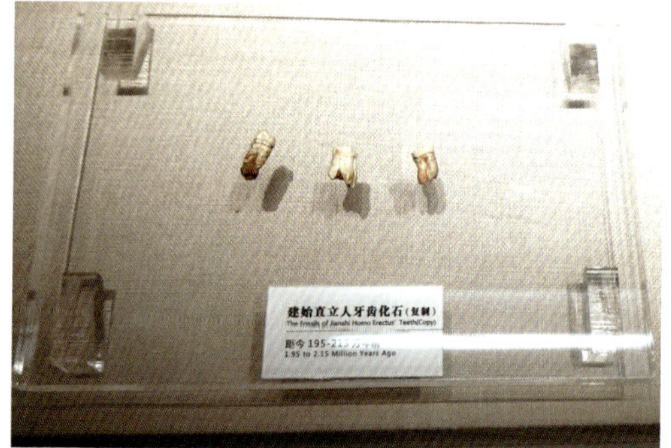

直立人牙齿化石

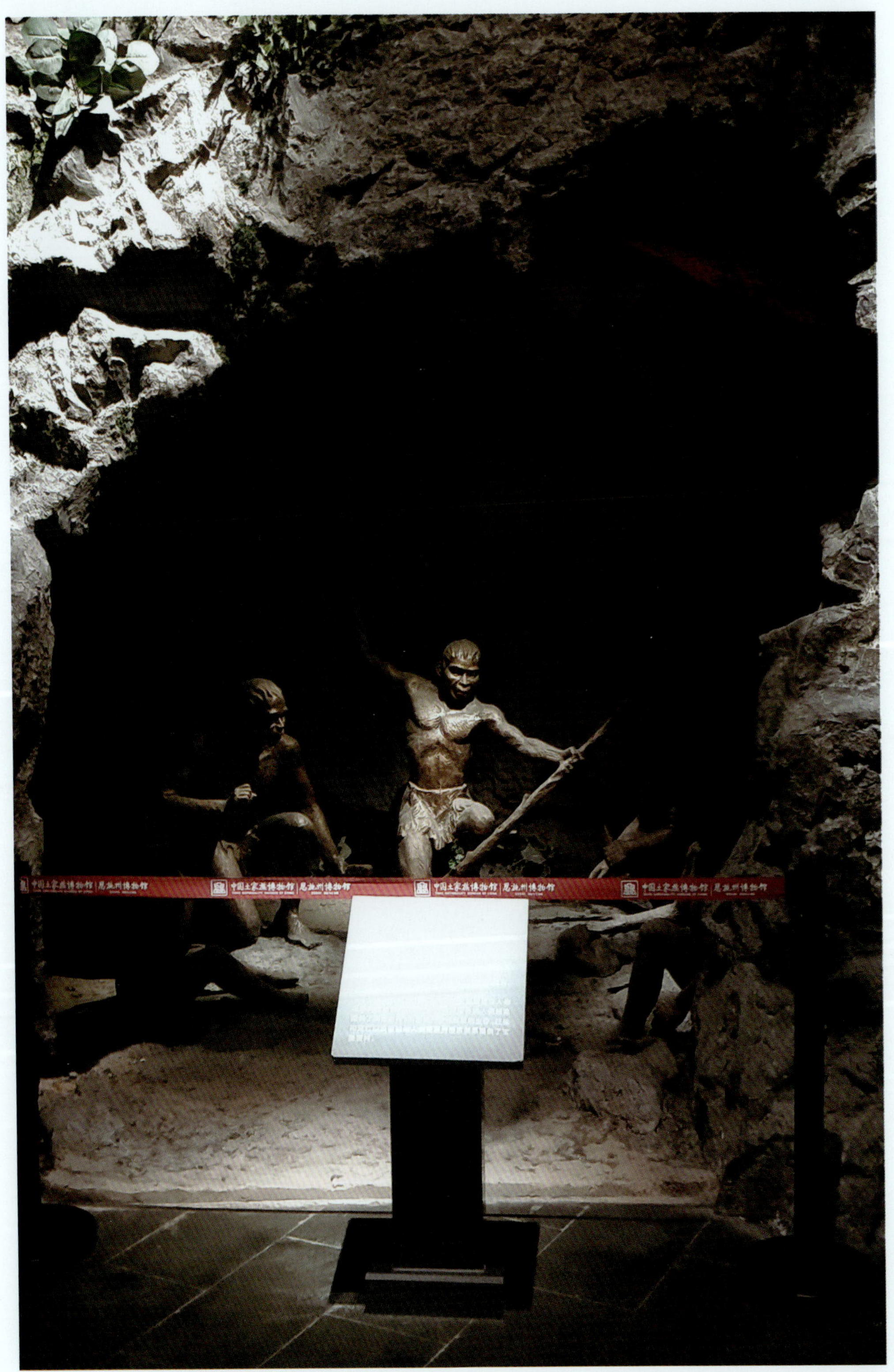

建始巨猿洞直立人生活场景复原

容美土司遗址

鹤峰容美土司遗址，有屏山爵府遗址、细柳城、万全洞、情田洞、九峰读书台等遗迹。

屏山爵府遗址，面积约50万平方米。依山而建，其中原爵府建筑大堂、二堂已毁，部分房基还清晰可辨。房基长35米，宽20米，坐东北面西南。前有大街，由石头铺砌，大堂东南有小昆仑，即“九峰读书台”。西侧有演武场、地牢，北山坡有烽火台等遗址遗迹。

万全洞，位于屏山悬崖峭壁之上，面临百丈深渊。洞高约40米，宽20米，深30米。洞内建筑遗迹尚存，左有“就月轩”，右有“爱日亭”，正中建有“大士阁”“魏博楼”，据记载为田舜年藏书之处。山顶立有一龟座碑，记叙了土司营建屏山及万全洞的经过。清雍正十一年（1733年），末代土司田明如为清朝改土归流所逼，自缢在万全洞，从此结束了容美土司制度400多年的历史。

容美土司遗址、遗迹资源丰富，是其政治、军事、经济制度及文化的实物资料。2006年5月，被国务院公布为“第六批全国重点文物保护单位”。

容美土司爵府遗址

南府遗址全景

情田洞

万全洞遗址

施州城址

施州城遗址由位于恩施市六角亭街道办事处的古施州城楼城墙遗址和位于舞阳坝街道办事处的柳州城遗址、南宋引种西瓜摩崖石刻、通天洞石刻共同组成。

施州城墙遗址始建于宋，原为土城，明洪武十四年（1381年）施州卫指挥使朱永建砖石城墙，周长7里，设串楼警铺及四城门，后有扩建与维修，东北两城楼、城门毁于20世纪50年代初，现西、南城楼及城门保存完整。

柳州城为恩施覃氏发祥地，唐时于此设施州行军总管，覃氏十三世承袭。南宋开庆元年（1259年）施州郡守谢昌元移城于此，据险抗元，元世祖至元十三年（1276年）城破，元移州治于今址。柳州城保存四城门遗址、城墙、石刻、马道、校场坝、将军坟、哨卡等遗迹。

西瓜碑位于柳州城西门外二台坪，刻于南宋咸淳庚午年（1270年），记载了郡守秦将军到此种西瓜之事，故称“西瓜碑”。城下通天洞内有南宋宝祐元年（1253年）的摩崖石刻。

2006年5月，被国务院公布为“第六批全国重点文物保护单位”。

恩施老城（一）

恩施老城（二）

恩施老城（四）

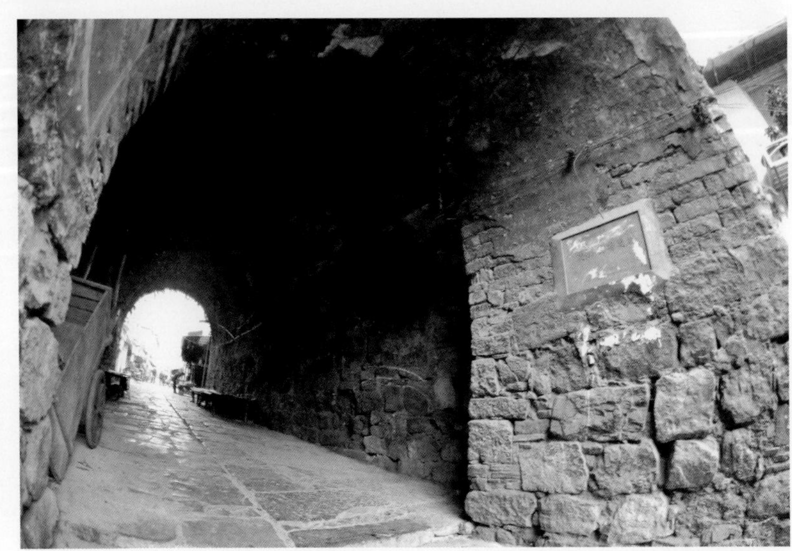

恩施老城（三）

鱼木寨

鱼木寨位于利川市谋道镇鱼木村，是清朝嘉庆年间为防御白莲教而修筑的古寨堡。

鱼木寨周围悬崖绝壁，沟壑环绕，唯西南方向一条石级古道与古大兴场相通，小道仅宽1米，显得十分奇险。自然风景优美，文物景点众多。现存寨楼1座、寨卡4处、寨墙2段、栈道3段，清至民国墓葬10余处，古民居建筑和石刻等。碑一般都在5米以上，最大的是建于清同治五年（1866年）的成永高夫妇墓，共三门二进，占地100平方米，墓石周围刻有花鸟人物90余件，石工精细，技艺高超，堪称艺术奇珍。“三阳

鱼木寨

观”卡门、“亮梯子”石栈道于绝壁之上，地势险要。

鱼木寨是一座集政治、军事、文化于一体的土家山寨，是研究土家族历史、建筑的实物见证。

2006年5月，被国务院公布为“第六批全国重点文物保护单位”。

鱼木寨六吉堂

鱼木寨“亮梯子”牧歌（谭优华 摄）

仙佛寺石窟

仙佛寺石窟位于来凤县翔凤镇关口村的酉水河西岸，地处来凤、宣恩、湖南龙山三县交界处。是我国开凿年代较早的石窟寺之一，也是湖北省唯一的石窟寺。

摩崖造像始刻于唐代，依崖壁雕凿，200米石壁中段35米一段凿刻摩崖造像，计有4个大佛龛，造像13尊，南端一列小龛18龛并列，一龛一佛，共有造像31尊。大龛龛顶距地面最高处14.6米，造像最大者通高6米。

五代前蜀咸康元年（925年）在此建寺。寺依崖壁而建，为木结构，重阁3层，高10余米，北端山门砖石砌筑，为四立柱牌楼形式，中设一门，上题“仙佛寺”，旁有“咸康元年五月”题款。寺庙共三层，一层为观音堂及僧舍，二层北端为钟鼓楼、中为地道，三层即为大佛殿。民族式建筑雄伟壮观，寺前古木森然，“文革”中被毁。

2006年5月，被国务院公布为“第六批全国重点文物保护单位”。

来凤仙佛寺

仙佛寺

仙佛寺

仙佛寺

来凤仙佛寺

五里坪革命旧址

五里坪革命旧址位于鹤峰县五里乡五里坪老街中段。旧址分别排列于街道两侧，均为悬山式穿斗结构木质房，共117间，占地面积2300平方米。分别为联县政府、中共湘鄂边特委机关、区苏维埃政府、合作社、会场、关提审犯人处、医院、驻军房屋等旧址。

联县政府在五里坪老街中段南侧，共六大间，目前尚存三大间，分上下两层，旧址现略向东倾斜，但基本保持原貌。1929年至1930年，红四军曾三次驻扎五里坪，贺龙两次居住于此，成为湘鄂边苏区的中心。

五里坪革命旧址（一）

五里坪革命旧址（二）

中共湘鄂边特委机关旧址

五里坪革命旧址（三）

五里乡 21 位散葬烈士迁葬鹤峰烈士陵园安放仪式

五里坪革命旧址是湘鄂边苏区的代表性遗存，是研究中国工农红军红二方面军的实物依据，也是全国最早以土家族为主体的革命力量在中国共产党领导下武装夺取政权，建立革命根据地的历史载体。

2006年5月，被国务院公布为“第六批全国重点文物保护单位”。

彭家寨古建筑群

彭家寨古建筑群位于宣恩县沙道沟镇两河口村，龙潭河自东北向西南流过寨前，与寨两边的山间小溪一起将村寨环抱。

彭家寨是武陵山区聚落典型代表之一。吊脚楼群依托观音山，建于山脚斜坡上。寨前是一大片稻田，面向龙潭河，河上架有铁索桥。寨子左边是召大沟，右边是叉几沟，沟上架有一座百年历史的风雨桥。寨前是公共用地院坝，寨后竹林间有一横排苕窖，东边为彭氏墓地。彭家寨古建筑群建筑规模为8000平方米，全部为吊脚楼，共计22栋。

彭家寨对于研究土家族聚落营造具有较高价值，从聚落的选址布局、植被配置到单体吊脚楼的建造，体现了土家人的生活方式和建筑及环境的和谐关系，是土家族文化的典型代表。

2013年3月，被国务院公布为“第七批全国重点文物保护单位”。

国家级文保单位、中国土家族博物馆：宣恩彭家寨吊脚楼群

非物质文化遗产保护

截至2018年12月，恩施土家族苗族自治州入选国家级非物质文化遗产名录15项，省级名录63项，州级名录120项，县市级名录499项；国家级非物质文化遗产项目代表性传承人12人，省级传承人86人，州级传承人177人，县市级传承人687人。2014年8月，文化部批复设立“武陵山区（鄂西南）土家族苗族文化生态保护实验区”。

薅草锣鼓

薅草锣鼓，又叫山锣鼓，是与生产劳动相伴而生的民间歌鼓。在鄂西南山区，人们集体薅草或挖土时，为了达到催场催工的目的，主人家要请演唱班子。演唱班子击鼓以振气力，鸣锣以解劳乏，酣歌以抒胸臆。属音乐与诗歌相结合的民间艺术形式，深受群众喜爱。

宣恩薅草锣鼓（艾一平　摄）

《宣恩县志》关于“薅草锣鼓”的记载

宣恩薅草锣鼓

薅草锣鼓一般由4个或4个以上的歌师在劳动队伍前方鸣锣击鼓。伴奏乐器少则一锣一鼓，多则加上马锣、头钹、二钹。演唱程序有歌头、扬歌、歌尾三部分，歌头、歌尾为固定的请神送神，扬歌则即兴演唱。演唱形式有领唱、合唱、穿歌、插白，间以锣鼓伴奏。唱腔有高腔和平腔两种，演唱曲牌为联曲体。唱词有固定唱词和即兴演唱两种。因乐器配备不同，又分为文锣鼓、武锣鼓、夹锣鼓。锣鼓曲牌常用的有十几个。

2008年6月，宣恩薅草锣鼓入选第一批国家级非物质文化遗产扩展项目名录。

宣恩薅草锣鼓国家级传承人冷浩然（中）

土家族打溜子（鹤峰围鼓）

土家族打溜子，流行于湘西、鄂西一带，是土家族地区流传最广的一种民间器乐合奏形式，在鹤峰走马、铁炉一带，又称“围鼓”“打家业”。鹤峰围鼓一般在春节期间或者红白喜事中演奏。

在田间地头演出的鹤峰围鼓队伍（罗建峰　摄）

鹤峰白果围鼓（王开学　摄）

鹤峰围鼓行走式演奏（罗建峰　摄）

鹤峰围鼓的乐牌多达百余种，均为单一体，用表明衔接的乐牌将若干单一体乐牌组成串联体乐曲交替演奏，分为“摩眼锣鼓”和“鼓眼锣鼓”。“鼓眼锣鼓”又可分为“文牌鼓眼”“武牌鼓眼”和“点子鼓眼”。演奏时，由鸳鸯钹（即头钹、二钹）此起彼落，交替拍打出来“钵钵儿音”“荷叶儿音”“疏花”等，组成系列乐句，构成基本乐章。有“鼓一锣二钹三声，勾锣为龙点眼睛”之说。鹤峰围鼓分行走式和坐堂式。

2008年6月，鹤峰围鼓入选第一批国家级非物质文化遗产扩展项目名录。

土家族摆手舞

土家语“舍巴”“舍巴巴”“舍巴日”，其意为敬神跳，汉语叫“跳摆手”。是流传于湘、鄂、渝、黔边区酉水流域土家族的一种祭祀舞蹈。土家族地区举行摆手活动时间不完全一致，大多在每年正月初三至十五之间的夜晚。先进行祭祀仪式，祭祀完毕，众人便随着锣鼓的节奏跳摆手舞。

土家族摆手舞国家级传承人彭承金

来凤县百福司镇舍米湖村的“小摆手”传承较为完整。其动作主要是“单摆”“双摆”“回旋摆”，其动作特点是“顺拐”“屈膝”“颤动”“下沉”。甩同边手、走同边脚，则是区别于其他舞蹈的最主要特

土家族摆手舞

来凤县百福司镇舍米湖村的摆手舞

幼儿园的小朋友也会摆手舞

征。其舞蹈表现有狩猎、农事、生活、军事等内容。动作粗犷流畅，其间有锣鼓伴奏和摆手歌穿唱，是歌舞乐浑然一体的艺术，具有祭祀、娱乐、教育等多种社会功能，民族特色浓郁，艺术价值突出。

2008年6月，来凤土家族摆手舞入选第一批国家级非物质文化遗产扩展项目名录。

南剧

南剧，也叫“人大戏”（施南调），属皮黄腔剧种，流行于恩施土家族苗族自治州来凤、咸丰、宣恩、鹤峰、恩施、建始等地。是恩施土家族苗族自治州五种地方戏之一，也是湖北省四大剧种之一。

南剧声腔以北路（西皮）、南路（二黄）、上路（秦腔、梆子腔）、南北杂为主，是皮黄腔系的重要剧种。这些声腔与恩施本地语言、风俗、民歌小调相互渗透、融合，逐步形成了具有鄂西南独特风格的地方剧种——南剧。至今已有200多年历史。

南剧剧目丰富多彩，传统剧目有“唐三千，宋八百，唱不完的三列国”之说。现存剧目900多出，较流行的有400余出，主要取材于历史演义、民间故事、神话传说等。

南剧传统剧目《穆柯寨》（李涛　摄）

新编南剧《西兰卡普》

南剧资料

南剧老艺人授徒传艺

南剧行当分生、旦、净、丑四大类，各行当文武兼备，文戏武唱，大手大脚。其表演尤重做功，注重人物造型和装扮，角色着土家族服装。

2008年6月，来凤南剧、咸丰南剧入选第二批国家级非物质文化遗产名录。

利川灯歌

利川灯歌，又名“灯调”，始于清乾隆年间，人们逢年过节时，以彩龙船为道具，划地为台，亦唱亦演的民间艺术形式。

利川现存传统灯歌近百首，从演出形式上分为“彩龙船调”“车车灯调”和“连厢调”三大类。种类虽异，唱法相同。从内容上分祝福歌、风俗歌、风情歌、教化歌四种。四种内容多为唱风情。

利川灯歌表演时载歌载舞，一唱众和，男女踏歌，翩跹进退。歌曲由本地传统民歌结合玩灯特点世代演唱而成。内容多为本地风俗和男女情爱，歌词诙谐幽默，妙趣横生。曲调悠扬婉转，韵味无穷。《龙船调》即由利川灯歌改编而来。

2011年6月，利川灯歌入选第三批国家级非物质文化遗产名录。

利川灯歌的传承群体（刘刈　摄）

利川灯歌的伴奏乐器（刘刈　摄）

利川灯歌表演（刘刈　摄）

利川灯歌国家级传承人全友发（刘刈　摄）

土家族吊脚楼营造技艺

吊脚楼是一种典型的半干栏式建筑，是土家族的一种传统民居。吊脚楼的正屋建在实地上，厢房除一边靠着实地和正屋相连，其余三边皆悬空，靠柱子支撑。

吊脚楼的营造，从选择屋基、备料、立屋，一直到装饰完毕，都有完备的程序和不同的技法。高杆定位，穿斗式房屋构架，“冲天炮”立柱，十分巧妙地解决了线面、角度、承重等建筑中的难点。悬空修造的吊脚楼，克服了山地民居建造与狭隘空间地貌的矛盾；“翘角挑”的采檐，“寃子”（走廊）的配置，使吊脚楼外观形成了鲜明地域特色；“看风水”“拜山神”“祭鲁班”“说福事”等众多民俗事项，充分展示了土家族的民俗。

吊脚楼营造技艺——斗排扇（杨华宁　摄）

吊脚楼营造技艺——立排扇（杨华宁　摄）

已成型的吊脚楼骨架（杨华宁　摄）

完工的吊脚楼　　刘刈 摄

吊脚楼的形制多样，有单吊（钥匙头）、撮箕口、四合水、双吊等。

2011年6月，咸丰土家族吊脚楼营造技艺入选第三批国家级非物质文化遗产名录。

土家族撒叶儿嗬

土家族撒叶儿嗬又称“跳丧”，或者“打丧鼓”。撒叶儿嗬作为清江中下流域土家人的一种丧仪歌舞习俗，奇特之处就是把丧事当作喜事办。左邻右舍、前村后寨的乡亲们聚集在孝家堂屋里，踏着鼓点载歌载舞，欢快热烈，通宵达旦。

撒叶儿嗬是歌、舞、乐浑然一体的艺术。长啸而歌，奇特而美妙，三音列歌腔形态更是清江流域土家人特色；原始古朴的顺边、屈膝、颤

土家族撒叶儿嗬——犀牛望月（郑定荣　摄）

土家族撒叶儿嗬——幺姑子姐筛箩（郑定荣　摄）

土家族撒叶儿嗬国家级传承人黄在秀

步、绕手的优美舞姿，凸显土家人豪放粗犷的个性。极具律动感的6/8拍子和切分音节奏，在其他体裁的民歌中，尤其是大型民歌套曲中极为罕见。在巴东野三关、清太坪等撒叶儿嗬中心流传区域里，音乐曲调之多，舞蹈表演套路非常丰富，其艺术价值、文化价值弥足珍贵。

2014年11月，巴东土家族撒叶儿嗬入选第四批国家级非物质文化遗产扩展项目名录。

撒叶儿嗬组合参加青歌赛

恩施玉露制作技艺

恩施玉露是我国现存唯一的蒸青针形绿茶，主产于恩施市芭蕉侗族乡、舞阳街道办事处一带。历史悠久，形成于清康熙年间，曾称“玉绿”，后改名“玉露”。

恩施玉露采制技术及品质奇特。一是采摘技术奇特：要求芽长叶狭窄、节间短的茶树品种，于清明节前的晴天午前露水干涸后采摘，采摘标准为一芽一叶或一芽二叶初展，且要细嫩匀齐，全芽长2.5厘米左右。二是制造技术奇特：恩施玉露遵循稳、适、转、轻等十大技术要领，沿用蒸、搧、抖、揉、铲、整六大技术核心，采用搂、端、搓、扎四大传统手法精制而成。三是品质奇特：外形色泽润绿、条索匀整、紧圆、光滑、挺直如松，汤色嫩绿明亮，滋味鲜醇回甘，叶底绿亮匀整。

2014年11月，恩施玉露制作技艺入选第四批国家级非物质文化遗产扩展项目名录。

恩施玉露制作技艺——采摘鲜叶

恩施玉露制作技艺——蒸青

恩施玉露制作技艺——簸选

恩施玉露制作技艺国家级传承人杨胜伟

武陵山区（鄂西南）土家族苗族文化生态保护实验区

文化生态保护实验区是以非物质文化遗产保护为核心，对历史文化积淀丰厚、存续状态良好、具有重要价值和鲜明特色的文化形态进行整体性保护，并经文化部批准设立的特定区域。2014年8月，文化部批复湖北省人民政府，同意设立“武陵山区（鄂西南）土家族苗族文化生态保护实验区”，实验区涵盖恩施土家族苗族自治州8个县（市）和宜昌市长阳、五峰2个县。目前，文化部已批准设立21个国家级文化生态保护实验区。

文化部专家考察“清江流域（鄂西）土家族苗族文化生态保护实验区”座谈会于 2012 年 12 月 5 日在来凤县举行（刘刈　摄）

《武陵山区（鄂西南）土家族苗族文化生态保护实验区总体规划》讨论会于 2017 年 10 月 28 日在中南民族大学举行（刘刈　摄）

湖北省文化生态保护实验区建设工作培训班 2017 年 11 月 22 日在来凤召开（刘刈　摄）

民族艺术事业发展

新中国成立以前，恩施的文化艺术事业极端落后。抗日战争时期，湖北省政府西迁恩施，在抗日救亡的浪潮下，群众性的文化艺术活动曾一度比较活跃。但是，多是临时性质的，固定的文化艺术团体只有一个民众教育馆、一个不足30人的京剧团和省府直属的一个无声电影队，抗日战争胜利后又很快离开。新中国成立前夕，这里只有一个图书馆、几家书店的代销处和少数季节性演出的小戏班子，整个恩施没有一家电影院，没有娱乐场所，没有一个固定的文艺团体。

新中国的成立，为文化艺术事业的发展开辟了广阔的前景。党的十一届三中全会以后，恩施的文化艺术事业有了较快的发展。全州八县

恩施土家族苗族自治州文化中心

（市）都建有图书馆、文化馆、新华书店、影剧院、文管所（或博物馆），88个乡镇建有文化站，公共文化服务体系基本完备。2013年7月，投资近10亿元的州文化中心投入使用，成为州城新地标。其中，恩施土家族苗族自治州文化馆成为国家一级文化馆，恩施土家族苗族自治州博物馆成为国家二级博物馆。2014年，来凤县投入3.8亿元建成民族文化中心，咸丰县建筑面积8500平方米的文体中心投入使用。

文化地标——恩施土家族苗族自治州文化中心（李大福　摄）

仅2017年，全州各专业演出团体送戏下乡1195场，惠及88个乡镇。完成公益电影放映12030场，现场观众421913人。全州开展戏曲进校园688场，演出362场，讲座151场，辅导175场。全州图书馆、文化馆、博物馆、文化站累计免费开放3000余天，服务群众200万人次。来凤县、利川市分别创建成为湖北省省级公共文化服务示范县（市）。

第四章

繁花簇锦

民族构成与分布

恩施土家族苗族自治州是一个以土家族、苗族聚居，侗族、白族、蒙古族、回族等少数民族散杂居为主要特征的少数民族地区。全州除汉族外，还居住着土家族、苗族、侗族、白族、蒙古族、回族、藏族、维吾尔族、彝族、壮族、布依族、朝鲜族、满族、瑶族、哈尼族、哈萨克族、傣族、黎族、畲族、高山族、水族、东乡族、纳西族、土族、羌族、撒拉族、独龙族、珞巴族等28个少数民族。

全州民族分布格局：汉族、土家族遍布全州各县市。其中土家族主要分布在清江以南，历史上属湖广土司域内，即来凤、鹤峰、咸丰、宣恩和利川5个县市，巴东、建始和恩施3个县市的土家族占其总人口的25%至30%不等。

苗族人口分布呈现出大杂居、小聚居的典型特点。境内苗族主要是明清及以后陆续从湘西、黔东北等地迁入的。苗族主要分布在利川、来凤、宣恩、咸丰4个县市，在其他各县市均有分布。以上四县市苗族占全州苗族人口总数的90.8%，且都有较大的聚居村落，较为典型的有宣恩县的小茅坡营、苗寨，咸丰的官坝、小村、梅坪、龙坪，利川的文斗等。其他则散居于恩施、建始、鹤峰、巴东4个县市。这4个县市苗族占全州苗族总数的9.2%，聚居的村落很少，只有鹤峰走马镇、铁炉乡的苗族居住比较集中。

侗族主要分布在宣恩、恩施、咸丰等县市交界的山区里。境内侗族是清朝康熙至乾隆年间从湖南的沅州、贵州的玉屏、广西的三江陆续迁徙而来。其中恩施市侗族分布在该市的干溪、芭蕉、大集、白果、双河等地；咸丰县侗族分布在该县的黄金洞、清坪、活龙、马河等地；宣恩县侗族分布在长潭的会口、洗马坪、龙马、兴隆、中间河，晓关的桐子营、覃家坪、八台、西坪、张官、猫山、大岩坝、晓关镇，李家河的板栗园、上洞坪，沙道的桂花园和椿木营等地。此外，利川市的毛坝、黄泥塘、老屋基、忠路、小河等地也有侗族居住。

其他少数民族的分布各不相同，其中蒙古族主要分布在鹤峰县三家台等地和利川市；白族主要分布在鹤峰的铁炉等地；回族在全州各县市均有分布；其他少数民族零星地分布全州各地。民族分布不均，导致州内各县市的民族成分构成具有明显的差异。

2017年年末恩施州总人口401.36万人。据2010年第六次全国人口普查数据，土家族占总人口的47.5%，汉族为45.32%，苗族为5.01%，侗族为1.53%。全州有4个民族乡（恩施市芭蕉侗族乡，宣恩县晓关侗族乡、长潭河侗族乡，鹤峰县铁炉白族乡）以及鹤峰县中营乡三家台蒙古族村、走马镇曲溪白族村。从民族人口构成看，恩施土家族苗族自治州是一个以汉族、土家族为主体的多民族地区。按照我国民族区域自治制度和《恩施土家族苗族自治州自治条例》，土家族和苗族是全州区域自治主体民族。

“牛王节”“女儿会”“摆手节”“州庆”被确定为全州的4个民族节日。

风俗习惯

服装

土家人改土归流前，“男女垂髫，短衣跣足，以布勒额，喜斑斓服色”。不分男女，服装同类，上穿短褂，下穿长裤或者裙子（类似于裳）。改土归流后，清政府采取严厉措施对土家族风俗进行改革，土家族服装男女一式的外观形式得以彻底改变，男人不再穿裙子，由穿刺花衣裙改穿琵琶襟、对襟、满襟，女性则上穿满装，下穿汉裙，即八幅罗裙。女性穿裙子的也逐渐减少。男性服装，衣领适中，衣袖宽大，衣边镶布条。女

土家族服饰（男）（恩施土家族苗族自治州博物馆提供）

土家族服饰（女）（恩施土家族苗族自治州博物馆提供）

土家族女装（刘刈　摄）

性的衣服叫“银钩”，衣领多是矮领。布衣颜色也多用青色、蓝色。男子头包青丝头帕，中老年人多穿满襟衣，青年人多穿对襟衣，裤子是青、蓝布加白布裤腰。女装左开襟袖大而短，衣襟和袖口有两至三道不同的青边或者花边，领上嵌三条花边，裤脚上也滚三条彩色花边。结婚的新娘喜穿红色的露水衣。

新中国成立后，除极少数老年人保留穿民族服装外，中青年基本上穿着汉族服装。有关部门对土家族传统服装进行挖掘、整理和创新，仅用

土家族传统男装（来凤文化馆提供）

于舞台表演和服务行业，并未普及民间。

苗族青年男性服饰（恩施土家族苗族自治州博物馆提供）

苗族女性服饰（恩施土家族苗族自治州博物馆提供）

苗族服装，女性的上装无领斜襟，袖子大而短，衣长至膝，有颜色布作外托肩，袖口、襟边均为花边，下装有裤和裙两种，裤脚大而短，镶有花边，折褶裙裙长及踝，内着长裤。男装，老人无领，右斜襟，喜扎腰带，青年则多穿对襟，七扣或九扣，袖长而口小，男女多包头，老人喜青色，青年喜白色。头巾较长，常包成大盘。男女均扎绑腿。女性更多戴金银首饰。现在苗族的服装与汉族基本相同。

苗族男装（刘刈　摄）

苗族女装（刘刈　摄）

饮食

恩施州的饮食既有川渝麻辣特色，又有湖南咸辣风格。颇具土家族、苗族特色的食品有合渣、腊肉、鲊广椒等。

土家族以苞谷、大米、洋芋、红薯为主食。喜酸爱辣，善饮酒，有喝油茶汤的习惯，旧时还有咂酒习俗。

苗家饮食多以苞谷、洋芋为主，较少食大米。喜酸好辣，善饮酒。

鲊广椒

油茶汤

咂酒（恩施土家族苗族自治州博物馆提供）

居住

土家族往往是同姓几十户或几姓上百户集聚一村或一寨，依山面水。正屋多为一明两暗三开间。正屋中间为堂屋，作为祭祖先、迎宾客的地方。正屋一侧为火塘，用条石砌成四方形火塘，既可取暖，又可用作厨房。火塘内置放三脚架，可煮饭炒菜。火塘上悬挂一木架，用以熏制腊肉。正屋两端有厢房，依地势而建，用木柱支撑，高悬地面，叫作吊脚楼。既通风干燥，又可防止野兽毒蛇侵害，上面住人，下面堆放柴草和农具。

苗家喜合族聚居，一姓一寨，或数姓一寨。居室形制有两种：一种是三根柱子通天的茅草屋，后来发展成四排三间、一正两厢的瓦屋；另一种为吊脚楼，上面住人，楼下养牲畜。

恩施土家族代表性民居——吊脚楼

婚姻

土家族过去近亲结婚的现象较普遍，“姑之女，必嫁舅之子”的习俗，称为“骨种”，表兄妹通婚几乎成定规。还有兄死收嫂、弟死收媳的习俗。土司时期，青年男女自由恋爱，经父母同意，即可订婚。改土归流以后，受汉族封建礼教的影响，男女婚姻讲究门当户对，受父母之命、媒妁之言的约束。土家族女子出嫁兴哭嫁，本是对封建礼教的反叛，后来逐渐形成了以悲言喜的文化形态。土家族青年在结婚的前一天晚上，男女双方分别举行陪十弟兄、陪十姊妹的仪式。

土家族婚俗——陪十弟兄

苗家新娘出嫁不哭，以免不吉利，不烧香不祭祖。新娘去婆家途中，打伞护身。到了新郎家，从侧门进屋，新娘新郎不拜天地不祭祖先。新娘进屋时，男方亲属回避，以免碰热气，招致家庭不和睦。

土家族婚俗——陪十姊妹

丧葬

土家族原来实行火葬，后逐渐改用木棺土葬。酉水流域死了人后，请“梯玛”（土家语对土家族巫师的称呼，是土家族人们心中“神的使者”）念经，请道士开路，晚上请人唱孝歌。清江流域老人去世后，亲朋好友前来吊唁，入夜举行跳丧，也叫“撒叶儿嗬”。

苗家老人去世后，贴身衣服要穿白色，棺材横放在堂屋，停横丧，“苗老司”（苗族对巫师的称呼）开路后才摆直。开路时，“苗老司”敲竹鼓、摇铜铃、念苗经，为死者超度。苗经唱的是“开天辟地歌”，叙述祖先迁徙情况，长达数百句。

土家族梯玛（来凤县文化馆提供）

节日

恩施社节——拦社

摆手节，土家族祭祀祖先和土王，于正月初三至十五到摆手堂“摆手”，叫“舍巴日”。现在只在酉水流域来凤县个别村寨可见。

社节，分春社和秋社，分别在立春和立秋后的第五个戊日举行。恩施社节主要有吃社饭、拦社两大内容。社饭是以野菜香蒿、糯米、腊肉等为原料做成的，原是古人祭祀土地神的祭品，祭祀活动后请邻里亲朋共食。拦社，是在春社日之前，祭扫三年内的新坟，第三年称“圆坟”。

舍巴日祭祖的地方（刘刈　摄）

拦社路上(一)

拦社路上(二)

上祭品

焚香

打莲香

奠酒

牛王节。有农历四月初八和十八之别。每到这一天，便杀猪宰羊，打糍粑，接亲人，热闹非凡。这一天牛不耕田，吃苞谷，喂鸡蛋，还牵到河边洗澡，以纪念牛王功德。苗家牛王节在四月初八。

过赶年。就是提前一天过年，土家族过年比汉族提前一天，即月大腊月二十九、月小二十八，是土家族最隆重、祭祀活动最丰富、民族特色最浓郁的传统节日。关于过赶年的来历，民间传说都与民族历史和战争有关。苗家过两个年，大年与小年，大年与汉族春节相同，不隆重。小年又叫“苗年”，从农历正月初一数起，碰到子日即为小年。过苗年要祭祀祖先，这一天饮食丰盛，衣着讲究，禁忌也特别多。

六月六。农历六月初六是土家族一个较大纪念性节日，节日习俗因传说不同而有差异，但六月六晒棉衣、被（龙袍），祭祖颂功是一致的。

女儿会。女儿会流行于恩施市石灰窑、大山顶一带。每年农历七月初二（或者十二日）为女儿会会期，青年男女利用赶集的机会，以歌为媒，自主择偶。

来凤县旧司镇举办的牛王节（一）

来凤县旧司镇举办的牛王节（二）

恩施土家女儿会——赶场相亲

“湖北省恩施市土家女儿会文化之乡”研讨会

信仰

土家族信仰多神，主要是敬奉祖先，崇拜有影响的土王和历代有功于民的土家先民。由于历史上各土司分立，不同地区所信奉和崇拜的人物有所不同。清江流域和溇水流域多立向王庙或向王天子庙，酉水流域多立土王庙，来凤北部立有三抚宫。向王庙和向王天子庙供奉廪君，土王庙敬奉在五代时统一酉水流域的彭公爵主，向老官人，田好汉，大、二、三神和三抚宫，都是供奉覃、田、向三姓的三位祖先。还有白虎和鹰图腾崇拜。

酉水流域土家人供奉彭公爵主、向老官人、田好汉

清江流域廪君殿（向王庙）（图片来自网络）

过去，土家族为了消灾免祸，求子延年，还有“还相公愿”“解钱”的仪式，均由梯玛主持。

苗族崇拜祖先，祭祀鬼神。堂屋的神龛上，大多只供奉历代祖先，不供“天地君”。为了驱除恶鬼，求得吉祥，多请“苗老司”还愿，有大牛愿、小牛愿、猪愿等。

民族工作 硕果累累

为了促进民族团结进步，自20世纪90年代以来先后依照相关规定制定了《恩施土家族苗族自治州自治条例》等自治法规共计21部，同时出台了《关于进一步落实民族政策、加强民族工作、加快经济社会发展的实施意见》《关于开展民族团结进步示范州创建活动的实施意见》等配套性政策和文件，形成了较为完备的民族自治地方法律法规政策体系。

多年来，全州民族团结进步先进模范不断涌现，有国家级示范单位11个，省级示范单位89个，州级110个，县市级293个。建州以来，州人民政府等81个集体、王光国等96名个人被国务院、省政府授予民族团结进步模范集体、模范个人称号。

恩施土家族苗族自治州自治法规

荣誉牌匾（恩施土家族苗族自治州民委提供）

民族体育运动项目——陀螺（李维亚　摄）

民族体育运动项目——蹴鞠（李维亚　摄）

民族体育运动项目——高脚竞速（李维亚　摄）

高脚竞速运动员陈芬赛场风采（领先者）（李维亚　摄）

2016年8月30日，国家民委授予恩施土家族苗族自治州“全国民族团结进步创建活动示范州”牌匾，恩施土家族苗族自治州成为全国第四个获得该称号的自治州。5个县市（恩施市、利川市、建始县、来凤县、咸丰县）已被命名为全国民族团结进步创建活动示范县，力争在“十三五”期间实现创建示范全覆盖。

以丰富活动为载体，以优势项目为重点，以群众体育为根本，全面推进全州少数民族传统体育运动的发展。现有7个少数民族传统体育项目训练基地，高脚竞速、三人板鞋、陀螺、蹴球、民族式摔跤等优秀运动员储备近300人，保证了各项赛事的人才储备。民族学校将民族传统体育作为学校体育活动的重要内容，并创造条件将民族传统体育列为正式体育课程或乡土教材，高等院校体育系也开设民族传统体育专业。

2011年在贵阳举办的全国第九届少数民族传统体育运动会上，作为湖北省代表团主力运动员的近200名恩施健儿，参加了7个表演项目和4个竞赛项目的角逐，《竹马茅古斯》《高脚对抗》《闪溜嘎儿》获得表演项目一等奖，其余4个项目分别获二、三等奖；高脚竞速获一等奖，陀螺分获两个二等奖、两个三等奖，押加分别获76公斤级和85公斤级两个二等奖。2015年在鄂尔多斯举办的全国第十届少数民族传统体育运动会上，湖北省代表队参加了13个竞赛大项，共获11个一等奖、17个二等奖、18个三等奖。8个表演项目比赛获得了5个二等奖、3个三等奖。高脚竞速项目是恩施土家族苗族自治州的传统优势项目，女运动员陈芬包揽了第十届全国少数民族运动会高脚竞速项目的全部一等奖，她的水平达到了“人马合一”，被称为“女飞人”，充分展示了恩施土家族苗族自治州少数民族体育健儿的风采。

民族古籍整理成果

民族研究成果丛书

民间艺术大师寻访与命名

建州以来，全州民族研究者组织编写民族问题“五套丛书”，开展了大规模的调查研究工作，组织、编写、出版了《鄂西土家族苗族自治州民族志》《恩施市民族志》《利川市民族志》等民族史志，整理、出版了《鄂西少数民族史料汇编》《容美土司史料汇编》《容美纪游注释》等民族古籍，撰写、出版了《鄂西土司社会概略》等研究专著。

制定《恩施土家族苗族自治州2000—2010年民族文化研究大纲》，州民宗委、州民族研究学会相继组织编写出版了5套《恩施土家族苗族自治州民族研究丛书》（共计48本）。与此同时，大部分县市民宗局也组织出版了“民族文化丛书”，逐步形成了全州民族宗教系统共同推进民族研究工作的强大合力。

2001年，恩施土家族苗族自治州首次提出“抢救民间文化，首先要抢救人”的理念，倡导在全州开展寻访与命名民间艺术大师活动。2002年5月，由州民宗委、州文化体育局、州民族研究学会、州民间文艺家协会共同发起，在全州开展寻访与命名民间艺术大师活动。2003年命名了首批16位民间艺术大师。此后，全州每两年评选一次民间艺术大师，截至2016年，共命名六批58位民间艺术大师，并由州财政为每位民间艺术大师发放传承津贴。

民族村寨

作为少数民族聚居的恩施，拥有一批少数民族特色村寨。2011年4月，州政府下发《关于加强全州特色村寨保护工作的通知》，成立了恩施土家族苗族自治州特色村寨保护工作领导小组。全州上下按照《通知》要求，主要从特色民居改造、民族文化保护、民族团结进步、特色产业培育、基础设施改善五个方面开展了大量工作。共投入资金近2亿元，拉动社会投资和村民投入20亿元。多数村寨有一村一品特色产业和文艺演出队，公路入户率在80%以上，部分村寨达到95%。特色村寨通过保护与发展试点建设，少数民族群众收入不断增加，生产条件不断改善，生活环境不断改观，生活水平不断提高。2013年全国少数民族特色村寨保护与发展试点工作现场经验交流会在恩施土家族苗族自治州召开。

截至2018年年底，全州共有38个村寨被国家民委命名为“中国少数民族特色村寨”并挂牌。此前，全州共先后向省民宗委申报特色村寨保护与发展试点村寨164个，先后发文明确并注入资金的有117个。

恩施土家族苗族自治州少数民族特色村寨

宣恩县万寨乡伍家台村

伍家台村盛产茶叶，多为极品，是宣恩县贡茶产业带的核心区。清乾隆四十八年（1783年）皇帝御赐“皇恩宠锡”匾牌，伍家台“贡茶”因此名扬天下。是湖北省十面红旗村之一，先后获得“湖北省2012年休闲农业示范点”“省级生态村”“恩施土家族苗族自治州青年眼中最美乡村”等荣誉称号。2017年元月，伍家台乡村休闲度假区被公布为AAAA级景区。2017年11月，获评第五届全国文明村镇。2018年10月，被农业农村部公示推介为“2018年中国美丽休闲乡村”。

伍家台村采茶姑娘（少数民族特色村寨资料库提供）

伍家台村航拍（少数民族特色村寨资料库提供）

伍家台风光（少数民族特色村寨资料库提供）

来凤县三胡乡石桥村

石桥村拥有丰富的自然资源和人文资源，是南河发源地，有哑大屋古寨遗址等人文景观和古桥、石碾房、古杨梅等历史遗存。上坝院落是湖北省闻名的古村寨，目前是来凤县木质屋结构保存最多、年代最久的一个院落。近年来，石桥村不断完善农村基础设施，改善人居环境，推动特色产业发展，打造土家特色民居，“上坝院落”“十娘子桥”“梦回乾隆”等多个景点已经建设完毕。2017年元月，包括石桥村在内的杨梅古寨景区被公布为国家AAAA级景区。

溪边人家——碾房

南河风光

上坝院落

鹤峰县燕子镇董家河村

董家河特色民居（少数民族特色村寨资料库提供）

董家河因坡立谷地质特征，造就了九起九落的暗河和明流。河流穿村而过，山清水秀，峡谷、溶洞、河流、平川遥相呼应，独特的自然环境形成了“树在水中生，水在树中流”的奇观。河两岸有“三狮赶象”“九龟寻母”“仙鸡孵蛋”“青猴拜月”等景观。2006年，恩施土家族苗族自治州把该村列为新农村建设试点村，围绕“新产业、新生活、新农民、新风尚、新村貌、新机制”，发展生态观光农业和生态乡村旅游业。“观田园风光，品农家美食”成为董家河村独特的韵味与气质。

董家河秋色（图片来自网络）

董家河的春天（图片来自网络）

咸丰县黄金洞乡麻柳溪村

麻柳溪村以终年流淌、麻柳遍布的小溪而得名，是一个以羌族、土家族为主的多民族聚居村。8千米长的麻柳溪流水潺潺，一步一景，1600多亩有机茶园，怀抱着小桥、溪流、古树、吊脚楼，融为一体。特色民居吊脚楼群落古色古香，或依山傍水，听林涛水声，或绿树掩映，沐阴纳凉。麻柳溪村是“湖北省民族团结进步示范村”的挂牌创建单位。

麻柳溪村的春天

麻柳溪

麻柳溪村的茶园

恩施市芭蕉乡戽口村

戽口村生态环境良好，产业特色鲜明。茶园8900多亩，户均8.7亩，2014年农民人均纯收入1万余元。是湖北省新农村建设示范村；2013年，被国家住建部评为“全国美丽宜居示范村庄”；2014年7月，被列入首批“中国少数民族特色村寨”。侗族风情浓郁，侗族风雨桥、百年唐家院子、千年楠木群，是戽口村独具特色的乡村旅游景点。

戽口村风雨桥（少数民族特色村寨资料库提供）

戽口村新民居（少数民族特色村寨资料库提供）

戽口村传统民居（少数民族特色村寨资料库提供）

巴东县东瀼口镇牛洞坪村

牛洞坪村因村内一个犀牛洞而得名。主要种植水稻、玉米、油菜等农作物，人均耕地仅有0.8亩。全村有保存完好的土坯房525栋，是巴东县土坯房规模最大、保存最完好的村庄。漫山遍野的稻田，星罗棋布的堰塘，黄色的土墙屋，袅袅升起的炊烟，像一幅田园山水画。拥有“春赏菜花遍山黄，秋看稻菽千层浪”的自然禀赋，牛洞坪村正在打造乡村旅游和观光农业示范区。至今已举办三届油菜花节。

牛洞坪秋色（少数民族特色村寨资料库提供）

牛洞坪特色民居（少数民族特色村寨资料库提供）

牛洞坪风光（少数民族特色村寨资料库提供）

第五章 物华天宝

物产资源

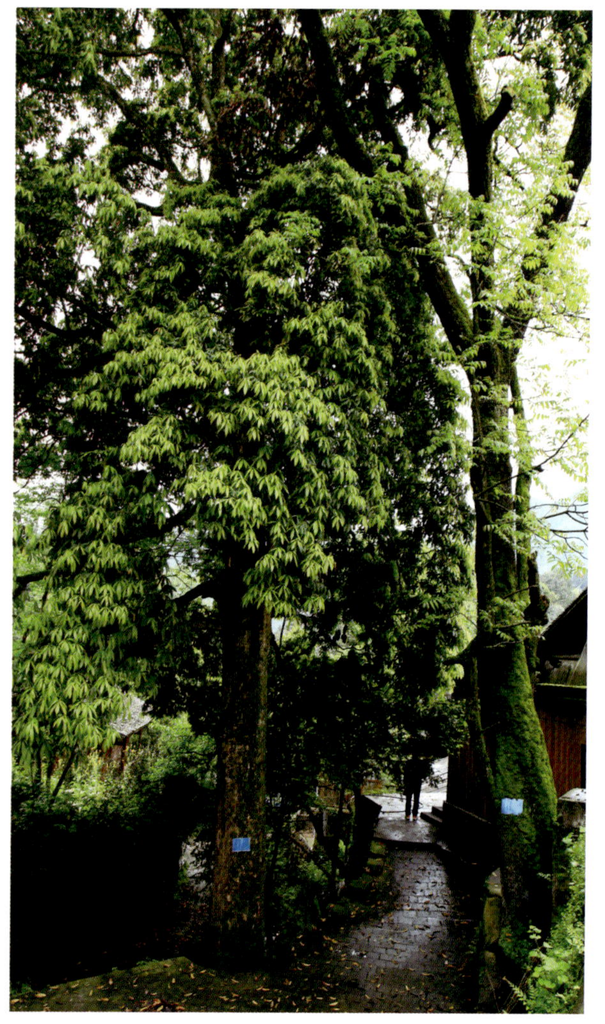

素有“鄂西林海”之称的恩施一角

恩施土家族苗族自治州森林覆盖率近70%，享有“鄂西林海”“华中药库”“烟草王国”“世界硒都”等称号。全州水电资源理论蕴藏量达509万千瓦，风电资源蕴藏量达300万千瓦，是华中地区重要的清洁能源基地。恩施土家族苗族自治州的鄂西铁矿是中国四大铁矿之一，已探明储量13亿吨，预测储量达40亿吨。天然气已探明储量1500亿立方米，预测储量达1.5万亿立方米。恩施还拥有世界最大的独立硒矿。

水资源

全州流域面积大于100平方千米的河流达45条；大于1000平方千米的河流有清江、酉水、溇水、唐崖河、郁江、沿渡河、忠建河、马水河、野三河，这9条河流在州境内总长度1154千米，总流域面积21801平方千米。全州水资源总量为299.8亿立方米。根据多年实测和12个径流站年径流资料计算得出，全州平均年径流量为233.63亿立方米。岩溶地貌显著，暗河伏流多，地下水储量丰富，类型为裂隙岩溶水，储量64亿立方米，占全州水资源总量的21.4%。全州水能资源理论蕴藏量为509万千瓦，可开发量达349.1万千瓦。

清江景阳河段

风能

风能是恩施土家族苗族自治州的天然绿色资源，风电项目是全州清洁能源产业发展态势良好的一个缩影。目前，全州已建成风电项目7个。2018年，恩施土家族苗族自治州政府发布了《关于下达恩施土家族苗族自治州2018年重点项目建设计划的通知》，其中有8个风电项目，总投资39.85亿元。续建项目有恩施市板桥风电项目、利川市元堡风电场、利川市安家坝风电场，新建项目为利川市上下茅槽风电场、利川市建南枫竹坝风电场、建始县茅田风力发电场、宣恩县椿木营风电场工程、鹤峰县走马镇风能开发项目，总装机55万千瓦。利川市齐岳山风电场被列为全国十大风电场之一，是湖北省最大的风电场，经测试，风能理论蕴藏量达80万千瓦。到2020年，总装机预计达120万千瓦。

利川市齐岳山风能发电场

页岩气

页岩气是一种优质、高效、绿色、清洁的低碳能源。恩施土家族苗族自治州是湖北省页岩气分布的重要板块，中国地质调查局2017年工作数据显示，恩施土家族苗族自治州页岩气理论储量为4.5万亿立方米，占湖北省一半，可开采储量约2万亿立方米。湖北省自然资源厅将恩施全境纳入国家级《鄂西页岩气综合勘察示范区》（初稿），中国地质调查局、中国石化集团纷纷聚焦恩施，在恩施土家族苗族自治州境内部署各类探井21口，累计投资18亿元用于资源调查。2018年11月，恩施土家族苗族自治州页岩气项目获重要突破，在钻探的咸地资源2号井内，页岩气含量达到3.36立方米/吨岩石，日均出气量可达4.5万立方米，是湖北省迄今发现气测指标最高的资源井之一。

恩施土家族苗族自治州页岩气储量高、埋藏浅、开采成本低，预计2020年将会取得稳定工业化气流。

来凤县页岩气勘探

矿产

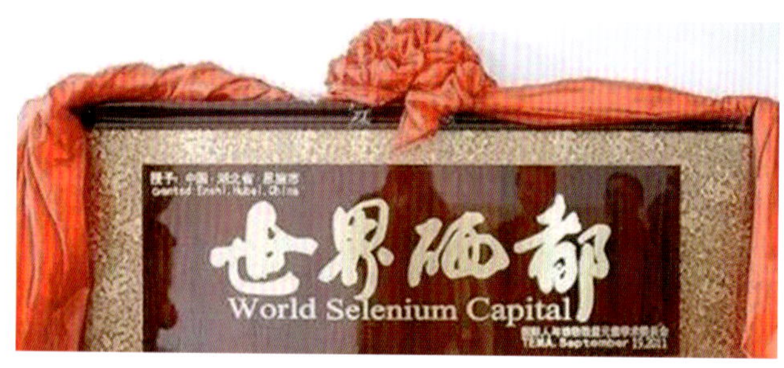

世界硒都

恩施双河独立硒矿床

菊花石

恩施土家族苗族自治州矿产资源种类较丰富、特色矿产鲜明。截至2015年年底，全州共发现各类矿产75种，已查明资源储量的矿产38种，分别占湖北省已发现149个矿种和已查明92个矿种的50.3%和41.3%。全州矿产资源以能源、黑色金属、化工原料、冶金辅助原料及建筑材料非金属矿产为主，天然气、煤、铁、硫铁矿、磷矿、耐火黏土、水泥用灰岩、石膏、高岭土、建筑石料、生物大理岩等矿产丰富。天然气、煤、石煤、硫铁矿、铁、硒等资源储量居全省前列；菊花石、白鹤玉、硒矿、高岭土、饰面石材，为特色矿产资源。矿床规模多为中小型，而大型偏少。

生物

全州植物资源219科1038属4011种。森林资源尤为丰富，树种总数约占全国树种的七分之一。经济价值较高的有300余种。有国家一级保护植物野生水杉、珙桐、光叶珙桐、红豆杉、南方红豆杉、伯乐树、银杏、莼菜8种。有国家二级保护野生植物金毛狗、篦子三尖杉、秦岭冷杉、大果青杆、金钱松、黄杉、巴山榧树、榧树、台湾杉等33种。有国家一级珍贵树种水杉、秃杉、银杏、南方红豆杉、伯乐树、珙桐、光叶珙桐、香果树8种。有国家二级珍贵树种篦子三尖杉、秦岭冷杉、麦吊云杉、大果青杆、黄杉、刺楸、连香树、杜仲、闽楠、楠木等18种。2017年年末

水杉

金丝猴

全州森林覆盖率为64.37%。野生药用植物占全国中草药种类的46%，已作中药收购的达300余种，占全国中药收购品种的56%。小蛇参、江边一碗水、头顶一颗珠、七叶一枝花、绞股蓝、乌云伞、水灵芝等有很高的开发前景。

全州动物种类多样，以东洋界居多，古北界种类相对较少。全州有动物资源61目289科2017种。州境内有国家重点保护陆生野生动物77种，其中国家一级保护陆生野生动物有金丝猴、豹、云豹、扭角羚、白鹤、林麝、金雕、中华秋沙鸭等8种，国家二级保护陆生野生动物有猕猴、短尾猴、豺、黑熊、穿山甲、黄喉貂、大灵猫、小灵猫、金猫、河麂、斑羚、鬣羚、岩羊、水獭、白额雁、斑嘴鹈鹕等69种。

旅游资源

州境内地形以山区为主，喀斯特地貌发育完善，溶洞溶洼众多，峡深谷幽，峰奇洞异，山清水秀，深藏无数胜景。自然风光以“雄、奇、秀、幽、险”著称，自然景观有：位于恩施、利川、咸丰三县市交界的星斗山国家级自然保护区，位于宣恩、鹤峰、恩施三县市交界的七姊妹山国家级自然保护区，位于鹤峰县境内的木林子国家级自然保护区，位于巴东县北部的湖北巴东金丝猴国家级自然保护区，咸丰县的坪坝营、唐崖河、小南海，利川市的腾龙洞、佛宝山大峡谷、玉龙洞、龙船水乡，巴东县的神农溪、巴人河、链子溪，恩施市的大峡谷、梭布垭石林、龙洞河风景区，建始县的野三河、黄河桥、石门河，来凤县的仙佛寺风景区、卯洞风景区。

勤劳、勇敢、智慧的土家人在州境内繁衍生息2000多年，与苗族、汉族人民一起创造了无数灿烂的文化，留下许多珍贵文物。主要人文景观有：世界文化遗产咸丰唐崖土司城遗址，利川大水井古建筑群、鱼木寨，来凤仙佛寺摩崖石刻，恩施施州城址、连珠塔，建始直立人遗址、石柱观，宣恩彭家寨吊脚楼群，鹤峰容美土司城遗址，巴东秋风亭等。

土家、苗族儿女多次参加抵抗外侮的民族斗争和民主革命运动，特别是新民主主义革命时期，州境绝大部分地区属于湘鄂西、湘鄂川黔革命根据地，无数英雄儿女在这里献出宝贵生命，也留下许多供后人瞻仰

鹤峰满山红烈士陵园

的革命遗迹。革命历史纪念地鹤峰满山红烈士陵园安葬着红二方面军红九师师长段德昌、参谋长王炳南、湘鄂西联防司令贺英等革命先烈的遗骨，恩施市五峰山中共鄂西特委旧址重新维修，方家坝烈士陵园安葬着鄂西特委书记何功伟、鄂西特委妇女部长刘惠馨，叶挺将军囚禁恩施的旧居保存完好。

全州有两个国家AAAAA级风景区：巴东神农溪、恩施大峡谷；有18个国家AAAA级风景区：恩施女儿城、土司城、梭布垭石林，利川腾龙洞、佛宝山、大水井、龙船水乡、玉龙洞，建始野三峡、石门河，巴东巴人河、链子溪，咸丰唐崖河、坪坝营，来凤仙佛寺、杨梅古寨，宣恩伍家台乡村休闲度假区，鹤峰满山红景区。恩施土家族苗族自治州成为全国高等级景区最密集的地区之一，是国内民俗旅游、休闲养生最佳目的地线路之一。

恩施大峡谷

为国家AAAAA级旅游景区，以“雄奇险峻秀”闻名于世，被誉为“世界地质奇观、喀斯特地形地貌天然博物馆”。位于湖北省恩施市沐抚办事处境内，距恩施市区60千米，距利川市区39千米，峡谷总长108千米，总面积 300余平方千米。是享誉全国的“奇观之峡、古道之峡、森林之峡、科考之峡、康体之峡”，也是“灵秀湖北”十大旅游名片。称之为“奇观之峡”，是因为峡谷之中有世界唯一的“地缝一天坑一岩柱群”复合喀斯特地貌；称之为“古道之峡”，是因为昔日入蜀进川的古盐道、古官道穿峡而过；称之为“森林之峡”，是因为大片保存完好的原始森林与峡谷相伴相生、相映成景；称之为“科考之峡”，是因为峡

恩施大峡谷（一）

恩施大峡谷（二）（陈勇　摄）

恩施大峡谷（三）

恩施大峡谷（四）

恩施大峡谷（五）

恩施大峡谷（六）

谷中的一炷香等地质现象曾被央视《科学》栏目报道，有待人类发掘考证；称之为“康体之峡”，是因为登临大峡谷可以像登华山、黄山一样挑战身体极限，锻炼身体，可以呼吸丰富的负氧离子。

景区目前对外开放的区域主要有：七星寨景点及云龙地缝景点（一期），其特点可以概括为：一段地缝、两条河流、四大神奇、五大特色、五大板块。一段地缝，即云龙地缝。两条河流，指利川来的雪照河和奉节来的云龙河。四大神奇，一是绝壁峰丛并存，二是暗河上的“热云洞”，三是后山大山顶的“女儿会”，四是两个不同地质年代的地缝。五大特色，一是清江升白云，二是绝壁环峰丛，三是天桥连洞群，四是地缝接飞瀑，五是暗河配天坑。五大板块，即朝东岩板块、日天笋板块、七星寨板块、云龙地缝板块、鹿院坪板块。

神农溪

为国家AAAAA级景区，位于长江西陵峡与巫峡接合处巴东县城北岸，发源于国家级自然保护区神农架南坡，是一条常流性溪流，全长60千米，自北向南流向，年均流量20立方米/秒。沿途接纳17条支流，在西距巫峡口2.5千米的西壤口注入长江，流域面积1031平方千米，景区面积300平方千米，森林覆盖率达85%以上。

神农溪景区是一幅天然的画卷，原始古朴，没有人工的雕饰，是大自然的杰作。从西壤口逆流而上，依次有龙昌峡、鹦鹉峡、神农峡、支流绵竹峡四个峡段。龙昌峡全长5.7千米，绝壁对峙，迂回曲折，均宽不足20米，似幽巷重门，以雄著称。此峡中有岩棺、象鼻山等人文自然景观。鹦鹉峡全长7.5千米，峡中山峰耸立，层峦叠嶂，树林茂密，虫鸣鸟叫，群猴嬉戏，金燕（短嘴金丝燕）飞翔，黄羊奔跑，獐麂出没，野

神农溪（一）

巴东神农溪

神农溪（二）

神农溪两岸悬崖上的悬棺

趣盎然，以秀见长。绵竹峡因两岸生长着翠绿的绵竹而得名，全长5千米。峡谷蓊郁幽深，峰岩夹峙，深邃莫测，绝壁千仞，是罕见的远古地质构造运动遗迹标本，以险著称。岩壁间的钟乳石笋、石幔，仿佛从天而降，千姿百态。两岸绝壁几乎贴近，堪称“一线天”。神农峡因峡中有一形似神农炎帝的山峰而得名，全长25千米，峡面宽缓。峡中可见神农氏采药拴马的石桩、石罅类岩棺、凿穴岩棺、九孔岩、神农洞、夫妻树、神农瀑布、神农温泉等景点，以奇著称。

神农溪是奇禽异兽栖息地，也是珍贵植物的汇聚地，还有高亢入云的神农溪纤夫号子。

腾龙洞

为国家AAAA级景区，国家地质公园，世界特级溶洞，距利川市城区4千米。2005年，被《中国国家地理》杂志评为“中国最美的地方”“中国最美的六大旅游洞穴”之一。

景区总面积69平方千米，以雄、险、奇、幽、秀为特色的洞穴景观和民族文化活动为资源主体，形成了多层次的旅游景观。腾龙洞有着中国最为庞大的洞穴系统，整个洞穴群共有上下五层，目前探明的洞穴总长度达59.8千米，总面积200多万平方米，属世界特级洞穴之一。

腾龙洞洞厅

旱洞口高72米，宽64米，可容20辆卡车并排驶入，可容直升机在洞口自由盘旋，规模宏大，撼人心魄。洞中有5座山峰、10个大厅，地下瀑布10余处，支洞繁多，神秘莫测。旱洞前4千米的容积量约1575万立方米，在目前发现并公布数据的洞穴中，是单位面积世界最大、单位总长度世界最长的洞穴通道。洞内石钟乳发育良好，既有体量惊人的奇观，也有形态可爱的小品，石柱、石笋、石花、石幔应有尽有。

清江在流经腾龙洞水洞口时猛跌30余米，浩浩荡荡的江水垂直扑下，形成“卧龙吞江”的壮丽景观。腾龙洞建有全国最大的原生态洞穴剧场，每天上演土家族情景歌舞剧《夷水丽川》，演绎土家族民族文化精华。洞内还有全国唯一的洞穴综合激光表演秀《腾龙飞天》，通过高科技手段和虚与实的完美结合，为游客呈现出美轮美奂、震撼难忘的画面。

腾龙洞

腾龙洞洞景

腾龙洞水洞入口“卧龙吞江”

腾龙洞洞口

坪坝营

坪坝营原生态休闲旅游区位于湖北省和重庆市交会处的咸丰县坪坝营镇，东临湖北来凤，南连重庆酉阳，西接重庆黔江，一山跨两省，一水连四县。

景区面积154平方千米，海拔1314米，森林覆盖率96%，常年最高温度22℃。拥有湖北省最大的原始森林群落区，是全国最大的杜鹃群落分布带之一，也是武陵山区最大的野生动物栖息地。素有“鄂西林海”“天然氧吧”之美称，被誉为鄂西的大兴安岭。

景区内群山逶迤，沟壑纵横，洞穴繁杂。其中，四洞峡是一处极为少见的天坑——穿洞群落，属于罕见的地质构造景观。坪坝营原生态休闲旅游区负氧离子含量极为丰富，是国内最好的天然养生地之一。

坪坝营

坪坝营古杜鹃

坪坝营四洞峡（一）

坪坝营四洞峡(二)

坪坝营树上旅馆

野三峡

为国家AAAA级景区，位于恩施土家族苗族自治州建始县，地跨花坪、高坪、景阳三镇，景区规划面积155平方千米。

野三峡旅游区以清江景阳河峡谷及清江支流野三河下游为核心景区，分为建始直立人遗址、野三河峡谷、景阳河画廊、黄河桥峰林4个游览区及小西湖国际休闲度假中心。野三河属全国罕见的原生态风貌保存完美的河谷，景阳河是八百里清江最美河段，黄河桥属岩溶地区最秀美的峰林地貌，小西湖则是避暑、休闲、度假胜地。景区有彩峡、奇峰、泉流、飞瀑、花树、莽藤、古关、老街等八大特色景观，还有距今195万年至215万年的建始直立人遗址。自然资源和人文资源景观丰富多样。

野三峡

蝴蝶岩

野三峡绝壁栈道

屏山

屏山峡谷风景区位于鹤峰县容美镇，距离鹤峰县城约11千米。屏山，因山顶平旷、山侧屏立而得名。屏山之侧深溪环绕，四周峭壁悬空倚天，龙渊峡、躲避峡、雕崖峡之嵯峨怪石如刀削斧劈，好似苍翠群山中的孤岛，有“东方诺亚方舟”之称。

容美土司在屏山建造了规模宏大的爵府建筑群，迄今存有爵府、老街、万全洞等遗址50余处，出土过上千件历史文物。屏山峡谷地缝风光雄、奇、险、秀，是大自然的神奇造化和鬼斧神工。游船行进在河面上，如同悬浮在空中，美不胜收，被人们称为“中国的仙本那”。观赏峡谷地缝，感受土司文化，是屏山峡谷风景区的两大主题。

屏山峡谷鸟瞰

附录　精品旅游线路

坪坝营—大峡谷—土司城2日游

咸丰坪坝营（AAAA级景区）中国最美的原始森林公园，避暑天堂，度假胜地。游程约4小时。

土司城（一）

恩施大峡谷（AAAAA级景区）世界上最深的峡谷，可与美国科罗拉多大峡谷媲美，集一炷香、十里峰林、百里绝壁、千丈瀑布、万古原始森林、亿年暗河于一体的“惊世大峡谷”。游程约8小时。

土司城（二）

恩施土司城（AAAA级景区）全国唯一，为规模最大、工程最宏伟、风格最独特、景观最亮丽的“中国土司王宫、土家艺术圣殿”。游程约1小时。

腾龙洞—土司城—大峡谷2日游

利川腾龙洞（AAAA级景区）以雄、险、奇、幽驰名中外，容积总量世界第一的“中国最美旅游洞穴”。游程约3小时。

土司城（三）

龙船水乡—大水井—大峡谷2日游

利川龙船水乡（AAAA级）龙船调的故乡，土家人的世外桃源。游程约1.5小时。

利川大水井（AAA级景区）代表近代建筑文化最高成就的古建筑群，电视剧《大水井》原景拍摄地。游程约1.5小时。

腾龙洞—佛宝山—大峡谷2日游

利川佛宝山（AAAA级景区）集漂流激情运动、峡谷探险穿越、森林康体运动体验于一体的原始峡谷风情第一漂。游程约2小时。

神农溪—巴人河—土司城—大峡谷3日游

巴东神农溪（AAAAA级景区）目前唯一保存纤夫拉纤传统、追忆巫山云雨之浪漫、梦现三峡今昔之变迁的“世界纤夫活化石”。游程约3小时。

巴东巴人河（AAAA级景区）被誉为“三峡中的香格里拉”，集休闲度假、野外探险、户外狩猎、激情漂流于一体。游程约3小时。

腾龙洞—大水井—大峡谷—土司城—梭布垭3日游

梭布垭石林（AAAA级景区）形成于4.6亿年以前，全世界最古老的奥陶纪化石石林，全国唯一的戴冠石林。游程约2小时。

神农溪—野三峡—大峡谷3日游

建始野三峡（AAAA级景区）峡谷幽深，石峰相拥，绝壁绵延，群山起伏，藤蔓缠绕，倒影摇曳，水天一色，千瀑飞泻，山水相融。黄河桥峰林和野三峡水上风光。游程约5小时。

野三峡

产品与美食

恩施土家族苗族自治州是中国四大烟叶生产基地，白肋烟产量居全国第一，产品远销西欧20多个国家和地区。利川坝漆名冠全球，来凤“金丝桐油”质量为中国桐油之冠。茶叶、柑橘等传统土特产久负盛名，恩施玉露、利川红成为东湖茶叙专用茶。

张关合渣

合渣，又名“懒豆腐”。恩施土家人对合渣有着深厚的感情，流传有“辣椒当盐，合渣过年”的民谚。制作程序：将黄豆洗净用水泡胀后，连豆带水在石磨上一圈一圈地磨成浆，架火煮开，然后放入切好的新鲜萝卜、菜叶，再煮开，就制成了一锅乳白带绿的合渣。

张关合渣是将合渣煮好后点卤水变得稍干，加鲜汤配猪肉、仔

张关合渣

鸡、鸡蛋等做成鲜肉合渣、仔鸡合渣、鸡蛋合渣等系列合渣火锅。张关合渣因宣恩一个小集镇“张关”而得名，以合渣火锅为典型特征，尤以镇上一位黄姓老太太制作的最有名、最为地道。张关合渣口味纯正、营养丰富，人们戏称其为“全价食料”。

土家腊肉

土家人正在熏制腊肉

土家腊肉的制作方法是：（1）将猪肉分成3~5斤（或更大）的块，便于入味和加工储藏；（2）把盐炒黄，加花椒炒出香味出锅；（3）把肉用温盐抹匀，放入盆中，将盆底的肉皮朝下肉朝上，面上层的肉皮朝上肉朝下排放整齐，每3~5天翻一次，10天后沥干水分挂到熏房中；（4）用松柏枝加核桃壳、花生壳、橘子皮等柴草料进行烟熏烘烤，月余后待肉色变棕红时即可。

熏好的肉应该放在通风处，可保存2~3年不变质，名曰“腊肉”，也称“土家腊肉”“恩施熏肉”。土家腊肉色泽焦黄、肉质坚实、熏香浓郁、风味独特。

腊肉的烹调方法比较多，排骨、猪蹄一般用来炖，制作火锅；其他部位一般用来与酢广椒、蒜苗、山野菜、小米一起炒、蒸而食。

柏杨豆干

柏杨豆干因产于利川市柏杨坝镇柏杨村而得名。

柏杨豆干主要以优质地产大豆、龙洞湾泉水和若干种天然香料为原料，经过水洗、浸泡、碾磨、过滤、滚浆、烧煮、包扎、压榨、烘烤、卤制、密封等十几道独特工序加工而成。

柏杨豆干

柏杨豆干在整个制作过程中，其特殊性就是不用石膏及其他任何化学品，奥妙就在当地泉水和传统工艺中。是豆腐加工业中的一绝。

柏杨豆干色泽金黄、美味悠长、绵醇厚道、质地细腻，无论生食还是热炒，五香还是麻辣，均有沁人心脾、回味无穷之感。内含丰富蛋白质、多种维生素及钙、锌、钠、硒等多种微量元素，有“固体豆浆”之美称。

葛仙米

葛仙米俗称“天仙米”“天仙菜”“水木耳”“田木耳”。为水生藻类植物，属蓝绿藻的一种，单细胞，无根无叶，墨绿色珠状，纯野生，是名副其实的纯天然绿色食品。

葛仙米营养丰富，是宴席佳品，含有15种氨基酸，多种维生素和人体必需的微量元素锰、钙、锌、铁、磷等矿物质成分。食用时干鲜宜烹，糖盐可调，蒸、炒、做汤不拘，其味鲜美。《本草纲目》中赞葛仙米为“肥绝佳食”。

葛仙米

鹤峰县走马镇是世界上最大的葛仙米产区，这里适宜葛仙米生长的水田、池沼达670余公顷。因葛仙米生长对自然条件（如气候、土壤、阳光、经纬度、海拔等）要求极高，当今世界上除鹤峰县外仅非洲有极少量发现。葛仙米不愧为世界上真正罕见的神品。

凤头姜

因其形似凤头而得名，又名“来凤姜”，是来凤县民间经过长期选育稳定下来的地方优良生姜品种。其姜柄如指，尖端鲜红，略带紫色，块茎雪白。

凤头姜

凤头姜无筋脆嫩、富硒多汁、辛辣适中、味美可口、开胃生津、风味独特、醇香浓郁持久，为姜中独具特色之佳品，在全国生姜品种中独树一帜，因而早已是东南亚市场青睐的畅销品。1998年获得农业部“绿色食品”证书，成为“全国绿色食品第一姜”。

凤头姜富含多种维生素、氨基酸、蛋白质、脂肪、胡萝卜素、糖、姜油酮、酚、醇以及人体必需的铁、锌、钙、硒等微量元素。

以凤头姜为主要原料，可制作成糟姜，糟姜是土家族人人喜爱的咸菜。

莼菜

福宝山莼菜

福宝山莼菜又称“马蹄草”“莼草”“水葵”。是一种高等多年水生植物，叶片呈

福宝山

椭圆形，正面绿色，背面暗红色，叶柄细长。

经检测，福宝山莼菜含蛋白质24.7%~36.5%，糖类含量39%，锌稳定含量高达153~288ppm，锗含量0.11mg/g，硒含量0.1~0.54ppm，并富含多种氨基酸和维生素。果胶丰富，风味独特，鲜脆、滑嫩如鱼髓、琼脂，不仅可广泛用于炒、凉拌、汤品，而且是一种天然的降温解暑佳品及幼儿增智食品。同时，据传统医学和现代医学研究表明，莼菜是对抑制动脉粥样硬化、抗脑血栓、利水、消肿、健胃、美容护肤等均有良好效果的绿色保健食品，深受消费者青睐。

福宝山莼菜主产于海拔1400米左右的福宝山沿线荒滩沼泽地上。

交通与区位

恩施土家族苗族自治州，位于湖北省西南边陲，西与重庆市黔江、万州区接壤，南连湖南湘西州，北靠神农架林区，东与宜昌市交界。恩施土家族苗族自治州地处湖北省西南部的复合山区，属云贵高原东部延伸部分。区位优势明显，西端是中国最大的直辖市重庆，东端是中国最大的内陆城市武汉，北与举世闻名的长江三峡相连，南通湖南张家界。恩施土家族苗族自治州与长江三峡、张家界两大国家级风景旅游区形成中国旅游的“金三角”。作为湖北省唯一纳入西部大开发范围的地区，随着国家大量资金投向恩施，恩施各族人民几代人期盼的铁路梦、高速

恩施高速谭家坝互通，武陵山最大的立交枢纽

公路梦在新世纪第一个10年变成真实而生动的现实，恩施成为川渝东出、东部西进的“桥头堡”。

动车组行进在恩施青山绿水间

318国道、209国道分别从东西、南北两个方向横穿和纵贯恩施土家族苗族自治州境内。沪渝高速恩施段于2009年10月通车，2014年12月，恩来高速（恩施至来凤段）、恩黔高速（恩施至咸丰段）正式通车，同月，沪蓉高速宜昌巴东段建成通车；途经恩施的宜万铁路2010年12月建成通车，恩施各族人民的铁路梦、高速公路梦终于成为现实。2014年5月，渝利铁路建成通车，恩施土家族苗族自治州又圆了动车和高铁梦。2019年年底，恩施土家族苗族自治州实现县县通高速目标。经过咸丰县和来凤县的安张常铁路也在2019年年底通车。

恩施航空

恩施火车站是宜万铁路的始发站之一，全线最大的市（地）级中间站，距市中心舞阳坝10千米。每天有96对列车通过恩施火车站，平均每8分钟有一趟列车经过恩施火车站，是四川、重庆、贵州等地东进北上的重要通道，也是东部地区西进的重要枢纽。

恩施许家坪机场离市区4.5千米，1986年动工修建，2010年再次扩建完成。飞行区等级为4C，设计起降机型为B737-800，2018年机场吞吐量过百万。2019年夏航季，恩施机场通航点21个：北京、上海、广州、武汉、西安、杭州、深圳、西宁、成都、大连、昆明、天津、南京、厦门、太原、郑州、贵阳、青岛、南宁、大理、徐州，每周航班224架次。

第六章 仙居之地

绿色沃土

仙居家园

恩施地处北纬30°，被誉为“地球上最适合人居住的地方”，山水风光秀美，属于“中国旅游新发现”。在2019年第一季度全国观众最喜欢的旅游景点排名中，恩施大峡谷以其雄伟、生态、秀美、神奇的自然景观和民俗文化排名第三，显示出不凡的实力。而在恩施，这样与大峡谷可以媲美的风景区数不胜数，可以说，整个恩施无论是城镇还是乡村，在山水、建筑、民俗与文化的立体装点下，俨然是一个大的景区。正是这样优质的山水资源让恩施成为“全域旅游示范区”，成为“中国旅游新发现”。以前的穷山恶水变成今天的奇山秀水，也成为“金山银山”。

恩施是国家重要的生态功能区（全州8个县市有7个县市为限制开发地区），是“中国三大后花园之一”，是长江中上游重要的生态屏障，是鄂西生态文化旅游圈的核心板块。全州范围内，“山、水、洞、情”呈现出独特的魅力。恩施星斗山、大峡谷、坪坝营、神农溪、七姊妹山等自然景观鬼斧神工、雄伟峻奇；清江、神农溪、酉水、溇水、唐崖

茶园山歌醉

天下第一杉——利川谋道水杉

河、郁江等恩施发源的河流四向辐射、净澈幽深；腾龙洞、黄金洞、朝阳洞、水莲洞、梭布垭等洞穴世界称奇、美妙绝伦；土家女儿会、土家摆手舞、龙船调、黄四姐、撒叶儿嗬、五句子、山民歌等非物质文化遗产琳琅满目、相映生辉，有“民族文化恒温箱”之誉。全境冬无严寒，夏无酷暑，是人类理想的居住地和旅游休闲度假胜地，与张家界、长

清江奇景：卧龙吞江

世界硒都匾额

江三峡构成了中国黄金旅游线上的“金三角”。

恩施特色资源富集，正日益发挥出独特的吸引力。恩施土家族苗族自治州因地处中国南北、东西的中分交叉点上，大自然的神奇造化和恩赐，形成了其自然资源的多样性。已探明金属或非金属矿75种，硒矿储量居世界第一位，因为在恩施发现独立硒矿床，恩施因这种“生命火种”被誉为“世界硒都”；页岩气勘测储藏量近5万亿立方米，占全省总量的一半；森林覆盖率在70%以上，素有“华中药库”“烟草王国”“鄂西林海”“能源宝库”“动植物基因库”等美誉！

硒矿石

绿水青山迎亲乐

春色斑斓

这一片绿色沃土正显示出越来越强劲的生命力，吸引着八方来客及全球各处递来的橄榄枝，可以预见，一个崛起、崭新的恩施正待破壁而出！

绿色沃土、绿色理念、绿色希望！这是恩施这片土地从资源优势出发自觉寻找的发展方向，也是吻合中央“创新、绿色、协调、开放、共享”的“五位一体”发展方针的科学选择！

山乡初雪

革命红土

恩施是一片被革命烈士鲜血浸透的土地。

武陵山中的鄂西，伴着中国近代波澜壮阔的历史烽烟，山山水水间镌刻下“老、少、边、山”的醒目招牌。在中国共产党的正确领导下，恩施儿女紧跟时代，屡克时艰，与时俱进。

恩施是红色革命老区。2.4万平方千米土地上处处留下革命志士的足迹，处处经受过战争的洗礼，处处浸染着先烈的鲜血！这里是一片永不褪色的红色土壤，一段永不磨灭的红色记忆，一种永不改变的红色基因！

这片红色土地的血性基因最早要追溯到数千年前的巴人，《华阳国志》中“巴师勇锐，歌舞以凌殷人”的记述，开启了这个山地民族敢于牺牲、不惧强暴的铮铮铁骨与坚硬形象。自此后，巴蔓子的以头易城、田世爵的东南第一功、陈连升的壮烈殉国、温朝中的铁血英雄会、秦国镛父子的空军首战、张昌岐的揭竿而起……及至后来，随着红色烽火点燃，在武陵山中的恩施迅速呈燎原之势，成为革命战争的重要地域。一个个战斗在这片土地上的英雄辉映青史：董必武、贺龙、周逸群、关向应、万涛、段德昌、柳直荀、任弼时、萧克、王震、贺英、王炳南、庹大鹏、陈连振、范家五虎、锣鼓山三十二烈士……从土地革命到解放战争，从星星之火到赤色燎原；从反抗压迫到抵御外侮，从翻身独立到执掌政权，恩施群山之中，红旗飞舞，枪炮声疾，这片土地与其上的人民，为了革命胜利抛头颅、洒热血，前仆后继，可歌可泣。其奉献牺牲之志巍巍如武陵群峰，义薄云天；其热血汹涌之志滔滔似清江之浪，奔流不息。

这片土地，也因浸润了无数英雄血而变得无比神圣与庄严、温暖而诗性！

早在1927年，恩施就开始点燃革命的烽火，工农红军在这里率先打开了一片工农新天地：湘鄂边、湘鄂西、黔东特区、湘鄂川（渝）黔革命根据地在这里先后创建。尤其值得恩施人民骄傲与全国人民铭记的是，恩施地域上创建的湘鄂边、湘鄂川（渝）黔革命根据地，分别位列土地革命时期全国十二大革命根据地第二和第十二位，这在1981年（党的十一届六中全会）通过的《中共中央关于建国以来党的若干历史问题的决议》中进行了历史性的评价与定位，这是党和人民对恩施这片革命老区高度的认可与讴歌！这同样是湘鄂西、湘鄂川（渝）黔老区人民在革命战争年代，用血肉生命、牺牲贡献书写的豪迈史书。

党的“八七会议”后，确定了实行土地革命和武装起义的方针，全国相继爆发工农武装起义，中央决定“把暴动的成功厚望寄托在湘鄂西地区”。随后，委派贺龙、周逸群回到湘鄂西发动武装斗争，先后组织年关暴动，发动桑植起义，转战鄂西，实施红色武装割据，英勇转战长达10年。在这里，工农革命军先后改编了咸丰黑洞“神兵”、宣恩晓关“神兵”、鹤峰邬阳关“神兵”等，相继攻克建始、鹤峰、桑植等县城，开辟了湘鄂边根据地；在这里，创建了中国工农革命军第四军，史称“湘鄂西红军”。以恩施鹤峰、湖南桑植为中心的湘鄂边根据地，为中国革命做出了不可磨灭的贡献。

从1930年开始，按照中央指示，红四军（后称红二军）三下洪湖，艰苦卓绝。到1930年7月，红四军与红六军在湖北公安县会师，组成红二军团。两个革命根据地连成一片，形成燎原之势，湘鄂西革命斗争进入新的阶段。湘鄂西革命根据地曾覆盖75个县市，拥有3.8万正规红军

红四军诞生地杜家村

和近20万地方武装赤卫队，是第二次国内革命战争时期最大的三块红色根据地之一。由于王明“左倾”路线，加上国民党反动派的围剿，使湘鄂西革命根据地遭到严重破坏。红二军团不得不转移，开始了红军长征之前的“小长征”，从湘鄂西出发，过湖北、驰河南、越陕西、抵湘鄂川（渝）边，征程长达7000多里，红军只剩下9000多人，改为红三军。

1934年，任弼时、萧克、王震等率领红六军团，作为长征先遣队，从湘赣革命根据地突围西征。10月24日，抵达黔东，与贺龙、关向应领导的红三军（后恢复为红二军团）会师。会师后，为了策应党中央和红一方面军长征，最大限度地吸引国民党军队主力，减轻红一方面军的压力，策应、保障遵义会议召开，迅速开辟建立了湘鄂川（渝）黔边苏维埃革命根据地，并发动湘西攻势。红二、六军团在武陵山中，如蛟龙入水、猛虎出山，声东击西，连战连捷，声威大震，迅速成为中国工农红军三大主力之一。先后取得永顺十万坪大捷、桑植陈家河大捷、咸丰忠堡战役大捷、宣恩板栗园战役大捷等战绩。尤其是发生在恩施咸丰、被写入军史的忠堡大捷创造了以少胜多、游击取胜的光辉战例，活捉国民党军队四十一师中将师长张振汉；发生在恩施宣恩的板栗园大捷以逸待劳、围点打援，击毙敌八十五师师长谢彬。因为以少胜多、战果辉煌，忠堡大捷被编入《中国人民解放军战史》。这些战斗有效地牵制了国民党军队，沉重地打击了国民党的嚣张气焰，有力策应了中央红军长征的胜利。

1935年10月，中央红军已经胜利到达陕北，红二、六军团也完成牵制敌人的任务，同年11月19日，根据中共中央、中革军委的命令，红二、六军团主力部队1.8万人开始了举世闻名的万里长征。进贵州，渡乌江，北上抗日。国民党反动派卷土重来，疯狂反扑，苏区人民浴血奋战，用鲜血与生命书写了对革命的忠诚。

当然，这段艰难的岁月中，有被“左倾”路线误杀的无数先烈，如共和国一号烈士、中国共产党军事家、红九师师长段德昌，参谋长王炳南，红四军第五路军指挥陈连振等，出师未捷身先死，常使英雄泪沾襟；有一门忠烈、前仆后继甘为解放献出生命的“范家五虎”，他们的老母亲深明大义；有壮烈英勇堪比“狼牙山五壮士”的“锣鼓山三十二烈士”，他们舍生取义，至今无人知晓姓名……据统计，革命时期，恩施两万多名青壮年参加红军和游击队，有1.2万多人为革命献出了生命！莽莽武陵就是无数英烈汇集的傲骨群峰，浩浩江河就是流不尽的英雄热血，这段峥嵘岁月就是写不完的芬芳青史！

恩施是湘鄂西、湘鄂川黔革命根据地的腹心地域。这里，诞生、壮大了中国红军三大主力之一——红二方面军；成功创建了土地革命战争时期全国三大红色根据地之一——湘鄂西革命根据地，还成功创建了继中央革命根据地之后南方最大的根据地——湘鄂川（渝）黔根据地。为中国革命胜利奠定了基础、立下了功勋。这些根据地起步之早、持续时间之长，苏区范围之宽、影响之广、贡献之大全国领先。

虽然残酷、频繁的战争让无数革命者倒在冲锋前行的道路上，虽然恩施这片土地上数万人民群众和革命先烈献出了的生命，虽然很多有将帅之才的志士倒在冲锋的路上和“左倾”路线误杀的枪口下，但是，这

忠堡大捷（恩施土家族苗族自治州博物馆恩施记忆厅场景复原）

片土地还是造就了178位共和国开国将帅，一批卓越的党和国家领导人！恩施，在中国革命历史上做出了重要贡献。

湘鄂西苏区创建的经验受到党中央、毛主席的高度赞扬。这里创造性地开展山区、湖区、平原游击战争，从无到有创建了主力红军和地方革命武装，贺龙、周逸群、万涛、段德昌等创造的独特经验，被毛泽东赞许为“贺龙周逸群式”工农武装割据的典型，为探索、形成中国新民主主义革命理论做出了重要贡献；而灵活机动、保存实力、巧妙发展的思想也从咸丰“大村会议”上可见一斑。第三军退出湘鄂西根据地后，转战于湘鄂川（渝）边区，数次准备建立根据地未果。1933年12月，中共湘鄂西中央分局在湖北咸丰县大村举行会议，提出“创造湘鄂川（渝）黔新苏区”的思路，实现了红军实力在保存中的发展。及至后来，红二、六军团会师后，屡战屡捷，取得“反围剿”的重大胜利。此后，按照中央指示，策应中央红军长征、牵制敌人的意图实现后，开始长征，并促成红四方面军一道北上，直到甘肃会宁三大主力红军会师，受到毛泽东主席高度赞扬。

在战争年代，恩施老区人民哺育革命儿女，补给红军，支持革命，呕心沥血，深明大义，流血牺牲，无怨无悔！恩施老区人民为革命做出的卓越贡献与历史功绩将永载史册，与这片土地永生！

文化厚土

恩施被誉为“民族文化的恒温箱”，拥有着匹配自然资源地位的“文化富矿”。因为其本身文化的特异性，以及多年来交通封闭、文化交流较少，而让其文化得以原生态保存。

摆手舞

恩施是名副其实的文化沉积带和文化富集区。这里有200多万年前建始直立人留下的世界最早的古人类文化遗存，经学界研究探讨确定，是目前世界上发现最早的直立人，有力地挑战了“非洲起源说”，也很好地证明了恩施自古为适宜人类生存之地，是“人类祖庭”。恩施有积淀深厚的清江流域巴人发祥文化、竹枝词文化，有自元代至清雍正年间绵延将近500年的土司制度所留存的文化结晶，其中容美土司六代司主九位诗人的作品集《田氏一家言》，是恩施地区唯一进入《四库全书》的人文作品。恩施红色文化厚重，贺龙、任弼时、关向应等领导工农红军在这一带开展武装斗争长达8年之久，建立湘鄂西革命根据地，积淀了深厚的红色文化。恩施民族文化积淀深厚，而且极富特色。恩施有世界文化遗产唐崖土司城以及连珠塔、鱼木寨、大水井、庆阳街、容美三洞、吊脚楼等古建筑文化；国家级文保单位9处，省级文保单位60多处。可移动文物方面，有古代巴人军乐器双虎纽錞于、甬钟、巴氏柳叶剑等国家级文物数百件，全州文物数量达数万件（套），且博物馆建设形成体系。非物质文化遗产方面，恩施是世界最优秀的25首民歌之一《龙船调》的诞生地，有被誉为

龙船调的故乡

恩施灯戏表演

敲鑼打鼓慶五谷豐登

傩戏表演

神农溪上的“裸纤”

滚龙莲香

山民歌唱响新农村

西兰卡普

西兰卡普挎包

“东方情人节”的恩施土家女儿会，土家山寨共庆丰年的摆手舞，被誉为戏剧活化石的傩戏为代表的“南、堂、灯、傩、柳”五大剧种；还有精美绝伦的土家织锦西兰卡普技艺，体现土家独特精神特质的“哭嫁”“跳撒叶儿嗬”，以及肉连响、猴儿鼓、铜铃舞、浩繁如海的山民歌等；在民俗节庆方面有被誉为“东方情人节”的女儿会、牛王节、月半节、过赶年等节庆礼俗，历史悠久，内涵丰富。恩施是名副其实的民族民俗风情园。

西兰卡普图案

土家独特婚俗：哭嫁

撒叶儿嗬

肉连响

土苗兄妹组合

对唱山歌好快活

八百里清江成为文化交融的不竭血脉，这里还是巴楚文化、巴渝文化、土司文化、土家文化的诞生地、交融地。在恩施，酒要仰着脖子喝，舞要甩开膀子跳，歌要扯着嗓子喊。

恩施这片土地具有强大的包容性，各种文化交融的痕迹很清晰，在这里生存的多民族经过吸收、演绎与创新，又形成了自己独特的文化形态。山的粗犷，水的柔美，刚健雄奇，瑰丽奇幻。大峡谷的万仞绝壁其实就是一部部巨大的歌书，清江河千里柔波其实就是幺妹婀娜动人的舞姿，雄浑的卧龙吞江其实就是土家汉子气吞山河的号子！

打莲香

恩施文化是与恩施地域上的人类社会并生的，不仅久远，而且灿烂。记录着恩施各民族的生存历史，展现这片地域的文化生态，具有独具特色的价值和极高的文化品位。

恩施文化浩瀚如海，异彩纷呈，传达出一种源自生命本真的激情，一种豁达与智慧，展现出一种崇艺、尚艺，悍勇、刚直的本性。在恩施，“会说话的就会唱歌、会走路的就会跳舞、会喝水的就能喝酒”！恩施各民族以自己特有的生活与文化形态坚韧地保留、展示着自己的文化传统和无穷魅力。

恩施在文化的保护与传承上不仅坚持贯彻国家政策，而且有着创意和先见之明。在国家出台非物质文化遗产保护传承相关政策之前，早在2001年，恩施土家族苗族自治州就首次提出“抢救民间文化，首先要抢救人”的理念，倡导在全州开展寻访与命名民间艺术大师活动。2003年

民族民间文化艺术繁荣活跃

民族之花评选

命名了首批16位民间艺术大师。此后，全州每两年评选一次民间艺术大师，截至2016年，共命名六批58位民间艺术大师。恩施土家族苗族自治州的相关举措为国家制定文化保护传承政策起到了积极探路的作用。

如今，州委、州政府在“文化自信”的指引下，更加积极地推进文化保护传承工作，绚烂多姿的民族文化已经成为最具标志性的全州“名片”之一，为全州发展提供源源不断的文化支撑、智力支持与文化导向。

希望热土

继1983年成立少数民族自治州以后，恩施老区迎来新一轮发展机遇，党中央再次聚焦恩施老区，沐浴着党的阳光的恩施焕发出新的生机与活力。

美丽梯田

文化广场

恩施是湖北省唯一的少数民族自治州，也是湖北省唯一纳入西部大开发范围的市州，同时还是国务院农村综合扶贫试点、武陵山龙凤经济协作示范区、鄂西生态文化旅游圈、武陵山少数民族经济社会发展实验区主要承载地。随着交通瓶颈被打破，“铁、公、机”的交通体系不断完善；随着生态文明建设的整体推进，恩施的绿水青山正日益变成“金山银山”，“天更蓝、水更清、山更绿、气更净”成为恩施的标识和“卖点”。全州正按照“五位一体”的战略思路强力推进，坚持“四个自信”，经济社会、城乡建设取得全面发展，精准扶贫也进行得如火如荼。充分发挥“世界硒都”的资源优势，科学打造“四大产业集群”，即生态文化旅游、硒食品精深加工、生物医药、清洁能源。恩施成为“中国旅游新发现”，受世界瞩目，成为旅游胜地、养生天堂。尤其“一谷两基地三示范区”成为恩施新的金字招牌。全州坚持“生态立州、产业兴州、开放活州、依法治州、富民强州”的思路，团结拼搏，与时俱进，潜力迸发，发展提速。人民群众获得感、幸福感增强，富民强州的梦想正在实现，改革开放的成果已为全州人民共享，人民群众对美好生活的向往正在变成现实。

城区清江河上的施州大桥

全州上下始终牢牢坚持将固定资产投资作为经济工作的主抓手，千方百计扩大有效投资，全力以赴推动持续发展。2017年全州固定资产投资达到831亿元，是1976—1980年5年固定资产投资总量5.2亿元的160倍，累计投资超过5360亿元。一大批提升基础设施条件、推动产业升级、加快社会事业发展、改善民生的重大项目得以加快推进，有的已建成发挥效益，办成了许许多多人民群众热切期盼的大事、实事。

恩施在大开放开发、创新创造的发展格局下，成为发展的一方热土。

恩施交通区位良好。地处中国中西部接合地带，提升扩容的航空、长江黄金水道、高速公路、铁路、国道形成体系，恩施成为湖北省7个公路运输枢纽城市之一。全州将形成便捷、通畅、高效、安全的综合运输体系，成为我国中东部地区西进入川的重要门户，成为武陵山区重要交通枢纽、商贸物流中心。

生态建设实现大提速。始终坚持“生态立州”战略不动摇，坚定不

恩施城区清江河上的凤凰大桥

移走生态优先、绿色发展之路。先后实施了长江大保护、退耕还林、天然林保护、生态环境综合防治、三峡库区地质灾害治理、生态家园建设等一批重点生态建设项目，山青、水绿、天蓝、土净、城乡美已经成为最永远的目标和最现实的起点。全州森林植被覆盖率达70%，居全省第二位；全州县市城区空气质量优良天数达317天，7个县市空气质量稳居全省前10位；四级河长体系全面建立，主要河流监测断面水质达标率和城区集中式饮用水水源地水质达标率100%。加快创建全国生态文明示范区，建成省级环保模范城市1个（恩施市），鹤峰县、咸丰县已通过省级生态文明建设示范县验收，建成省级以上生态乡镇47个，生态村498个；建立各类自然保护区（小区）45个，总面积20.36万公顷，占全州国土面积的8.5%，居全省第一位；生态环境状况指数稳定在80左右，居全省第二位；全州生态保护红线面积占比达到58%，居全省第一位。

发展机遇叠加。积极抢抓国家深入实施脱贫攻坚、西部大开发、共建“一带一路”、长江经济带建设等重大战略机遇；认真落实省委、省

硒茶园

政府持续推进的“一元多层次”“两圈两带”和“一红一绿”建设等政策，州委、州政府巧借国家、省持续支持民族地区、西部地区、革命老区的优惠发展政策，正努力推动新一轮大发展，恩施处在改革推进的黄金机遇期、投资高峰期、转型关键期和重要成长期。

春风化雨，润物无声。

共和国最年轻自治州的发展，始终分享着祖国大家庭的关爱和温暖，始终沐浴着党的民族政策的阳光雨露，始终倾注着党中央、国务院的亲切关怀。

1983年4月5日，时任中共中央总书记胡耀邦在恩施实地考察时提出殷切希望。当天，他在州委小礼堂接见恩施干部时说：“‘鄂西’二字，17画，我给你们的要求也是17个字：‘要把鄂西建设成为一个最先进的自治州！’要实现这句话，主要靠你们。三年不行五年，五年不行十年，你们要努力奋斗！”

2017年6月23日，中共中央总书记、国家主席、中央军委主席习近平在山西太原市主持召开深度贫困地区脱贫攻坚座谈会时，听取了时任恩施土家族苗族自治州委书记、州人大常委会主任李建明关于恩施土家族苗族自治州创新财政金融政策推进产业扶贫工作的汇报，对恩施土家族苗族自治州脱贫攻坚工作予以肯定。

2012年12月28日至30日，中共中央政治局常委、国务院总理李克强在党的十八大后首次离京，再访恩施，寄望恩施“以龙凤为点、恩施为片，在扶贫搬迁、移民建镇、退耕还林、产业结构调整等方面先行先试”，为连片特困地区综合扶贫积累经验。

亲切的关怀，犹如春风化雨，鼓舞着、鞭策着、激励着全州干群团结一心、励精图治、艰苦创业、继续拼搏。“仙居恩施”已逐步成为令人向往的世外桃源，成为党的民族政策生动实践的成功例证，成为405万各族人民自强不息、顽强奋进的壮美生活画卷。

历史的车轮滚滚向前，改革的洪流势不可当！

岁月如歌，70年的艰难困苦，70年的不懈求索，70年的辉煌壮丽，70年的大梦飞扬！中华民族以不屈不挠、团结进取的整体姿态，在世界的东方写下属于自己的无限精彩！

没有共产党，就没有新中国！新中国成立70年来的建设成就和发展

恩施高新区

实践证明，只有始终坚持党的领导，才能维护全州各族人民的大团结，才有自治州繁荣兴旺的良好局面。

没有改革开放，就没有幸福生活。70年的成就证明，只有始终坚持把加快发展作为第一要务，才能不断破解前进中存在的困难和问题，才能逐步缩小与发达地区的差距。

没有民族团结，就没有长治久安和谐发展。70年的成就证明，只有全面贯彻落实党的民族政策，才能促进各民族的共同繁荣发展，才能保持政治稳定和社会长治久安。

没有独立自主、自力更生就没有永恒的内生动力。70年的艰辛历程证明，只有艰苦奋斗，坚持走中国特色社会主义道路，才能充分发挥各族人民的聪明才智，才能把改革发展事业不断推向前进。

征程无限，大梦无垠！

后记

《民族自治州风采·恩施土家族苗族自治州卷》是党和政府优厚民族政策的体现，是推动民族文化、经济、社会发展的宝贵平台，也是民族自治州经过改革开放后，对所取得的丰功伟绩的全方位展示。

《民族自治州风采·恩施土家族苗族自治州卷》立足恩施土家族苗族自治州的悠久历史，紧扣发展奋进的当代主题，融汇瑰丽多姿的民族文化，给读者展示了一个生态、富裕、进取、文明、和谐的少数民族自治州形象。

非常期盼《民族自治州风采·恩施土家族苗族自治州卷》能让读者了解恩施、爱上恩施、向往恩施、体验恩施、支持恩施，以一册在手的方式，为读者们呈现一个“带得走的恩施”，实现全域评品，让读者领略历史纵深感。恩施以这种参与交流的姿态，在全国少数民族自治州队列中获得更多的交流、关怀与帮助，在五彩纷呈的自治州群像中与发展进步的兄弟比肩。

《民族自治州风采·恩施土家族苗族自治州卷》是对恩施土家族苗族自治州历史的扫描，每一段文字都是记录改革开放进取发展的保鲜切片，每一张照片都是数十年风雨兼程的大美留痕。感谢一起描绘全州风采的400万土苗儿女前赴后继的求索与付出，感谢参阅资料的所有编撰者，感谢提供图片的每一位摄影家，尤其要感谢图片的主要提供者沈祥辉先生。在此，对为此书编撰提供友情支持的每一位朋友一并致谢！

因编者能力有限，且处在抗疫、防汛等重大行动中，时间紧迫，难免有遗漏或不妥之处，恳望广大读者批评指正。

编　者

2020年5月